Bruno Meißner · Winfried Vollmer
Das ABC des Messeauftritts

D1727450

Bruno Meißner
Winfried Vollmer

Das ABC des Messeauftritts

Messen optimal planen
und erfolgreich durchführen

Die Deutsche Bibliothek - CIP-Einheitsaufnahme

Meißner, Bruno:
Das ABC des Messeauftritts : Messen optimal planen und erfolgreich
durchführen / Bruno Meißner/Winfried Vollmer. - 1. Aufl. - Würzburg
: Lexika-Verl., Krick Fachmedien, 1999
   ISBN 3-89694-255-7

Lexika Verlag erscheint bei Krick Fachmedien GmbH + Co., Würzburg

© 1999 Krick Fachmedien GmbH + Co., Würzburg
Textgestaltung: Tanja Pfaff, Veitshöchheim
Druck: Schleunungdruck, Marktheidenfeld
Printed in Germany
ISBN 3-89694-255-7

Vorwort

Das ABC des Messeauftritts: Für wen und warum?

Eine Messebeteiligung *kann* ein wertvoller Baustein im Rahmen Ihrer Marketingarbeit und Marktbearbeitung sein. Sie kann allerdings auch zur bloßen Geldvernichtungsmaschine verkommen. Wir, die Autoren dieses Werks, halten Messen – richtig geplant, durchgeführt und nachbereitet – für eine exzellente Chance, Verkäufe vorzubereiten oder/und evtl. auch durchzuführen.

Wir beobachten jedoch – gerade bei kleinen und mittelständischen Unternehmen – nur allzu häufig einen wahllosen, halbherzigen und ziellosen Messeauftritt, der für viel Geld und viel Mühe nur große Enttäuschungen bereitet. – Was jedoch im Folgejahr oft wieder vergessen scheint, denn getreu dem Motto „Man muß schließlich dabei sein", wiederholt sich das Drama erneut.

Die Beteiligung auf einer Messe hat letztendlich ein einziges Ziel: Sie soll zu mehr Umsatz führen. Sie wollen, daß Ihre Kunden wieder oder mehr bei Ihnen kaufen oder/und daß neue Kunden auf Sie aufmerksam werden. Dies gelingt nur, wenn Sie diesen Menschen ein überzeugendes Bild von Ihrem Unternehmen präsentieren, das Ihr Unternehmen vom Wettbewerb hervorhebt.

Dieser Ratgeber vermittelt Ihnen das notwendige Wissen dazu. Sie sollten dieses Buch lesen, wenn Sie
• eine praktische Hilfe für Ihre Messearbeit suchen,
• eine klare Alltagssprache „von Praktikern" mögen,
• solide, ergebnisorientierte Hinweise erwarten,
• als Seiteneinsteiger Hilfe benötigen und/oder
• als Praktiker Bestätigung suchen.

Sie werden hier keine ausgeklügelten neuen Theorien, den „dreifachen Rittberger mit Doppelschraube" oder die abgefahrensten Events präsentiert bekommen. Auch ist die Lektüre keine Vorbereitung zum Uni-Diplom. Aber wir verraten Ihnen einige Tricks und Kniffe für einen gut organisierten, effektiven und kostengünstigen Messeauftritt, der Ihnen eine effektvolle Darbietung auf der Messe sichert und hilft, die entscheidenden Besucher anzuziehen.

Da wir wissen, daß unsere Leser meist Praktiker sein werden, die eigentlich nie Zeit haben, haben wir den Ratgeber nach alphabetischen Stichworten gegliedert.

Dadurch eignet sich das Buch sowohl als Nachschlagewerk mit immer wieder neuen Ideen und Anregungen zu allen wichtigen Aspekten des Messeauftritts als auch als kurzweilige und dennoch informative Lektüre für Messeneulinge.

Wir wünschen viel Vergnügen.

Hamburg, im September 1999   *Bruno Meißner, Winfried Vollmer*

Inhaltsverzeichnis

ANHANG

A

Auswahl der Messe

Die erste Frage, die sich Ihnen im Zusammenhang mit dem Vorhaben, auf einer Messe auszustellen, stellt, lautet: Welche Messe ist für unsere Vorstellungen die richtige? Denn eine Messe ist nur dann sinnvoll, wenn die Messekosten geringer sind als der durch die Messe erzielte zusätzliche Deckungsbeitrag II, das heißt also der Beitrag zur Deckung der Unternehmenskosten *(vgl. Kapitel „Controlling").*

> **Ziele einer – jeder – Messe:**
> **1. Verkauf**
> **2. Vorbereitung des Verkaufs**
> **3. Kontaktaufnahme zu Leuten, denen etwas verkauft werden soll bzw. kann**

Ob Sie auf der Messe verkaufen (dürfen), oder ob Sie durch Kontakte Verkäufe anbahnen wollen, eine Messebeteiligung muß sich in jedem Fall rechnen. Nur in wenigen Ausnahmen können andere strategische Überlegungen zu einer Messebeteiligung führen, ohne daß sich die Verkaufserfolge in absehbarer Zeit rechnen. Das wäre beispielsweise der Fall, wenn Sie in einen neuen Markt eintreten wollen, sei es z.B. ein Land, in dem Sie vorher nicht aktiv waren, oder auch eine neue Zielgruppe, die Sie bisher nicht kennt.

Messen bieten herausragende Chancen, denn es gibt nur wenig andere Orte, an denen Anbieter und Nachfrager auf so engem Raum so direkt aufeinandertreffen.
• Dem Anbieter bietet sich dadurch die Chance, sich im Wettbewerb mit anderen beim Kunden zu profilieren,
• der Kunde hat dadurch wiederum die Möglichkeit, auf relativ begrenztem Raum mehrere Anbieter zu sehen und diese zu vergleichen.

Als Anbieter müssen Sie daher zunächst eingehend prüfen, ob Ihre Zielgruppen mit den Besucherkreisen einer Messe übereinstimmen. Dazu müssen Sie entscheiden, ob Sie
• auf Ihrem angestammten Markt Ihre Kunden pflegen,
• auf dem angestammten Markt neue Kunden gewinnen,

- Ihre Kunden für einen neuen Markt gewinnen,
- einen neuen Markt mit neuen Kunden erschließen wollen.

Sie haben sicherlich ein Idealprofil der Kunden, die für Sie interessant sind und wissen, wer deren Entscheidungen trifft – genau den müssen Sie auf der Messe ansprechen. Das schaffen Sie, indem Sie Ihr Kundenprofil mit den Besucherstrukturdaten vergleichen, die Sie in aller Regel vom Messeveranstalter anfordern können. Außerdem finden Sie diese Daten im „Handbuch Messeplatz Deutschland", das Sie bei dem Ausstellungs- und Messe-Ausschuß der Deutschen Wirtschaft (AUMA) anfordern können (*Adresse: s. Anhang*).

 Tip: Interessant für Sie als Aussteller ist besonders die Relation zwischen Ausstellungsfläche, Menge der Aussteller und den Besuchern.

 Tip: Achten Sie bei den **Flächenangaben** auf die Größe der „vermieteten Standfläche". Oft wird mit einer belegten Standfläche operiert, die Sonderschauen und nicht vermietete Flächen einschließt. Je nach Ihrer geplanten Standgröße werden Sie leicht ausmachen können, ob Ihr Stand untergeht inmitten großflächiger Aussteller, oder ob Sie allein zehn Prozent der Halle belegen. Dabei muß kein Faktor von vornherein negativ sein, aber Sie sollten sich dessen bei Ihrer Planung bewußt sein und diesen Faktor berücksichtigen.

 Achtung: Die angegebenen **Ausstellerzahlen** sollten nur die Unternehmen umfassen, die einen Stand gemietet haben!

Bei den **Besucherzahlen** ist es sehr hilfreich, wenn Sie möglichst detaillierte Auskünfte erhalten.
Hilfreich sind die folgenden Daten:

- Herkunft der Besucher
- Land
- Region
- Branchen
- Position im Unternehmen
- Abteilung
- Größe des Unternehmens
- Größe der Besuchergruppen
- Alter
- Geschlecht

Anhand dieser Kennzahlen sollten Sie ruhig mehrere Messen vergleichen. Gerade heute gibt es eine Inflation von Messen. Im Streit von Messestandorten, vor allem auch aus den neuen Ländern, bleibt der Aussteller manchmal auf der Strecke: Er bezahlt letztlich für ein schlechtes Konzept oder zu große Konkurrenz einen hohen Preis. *Ein Beispiel:* Auch wenn sich etwa Frankfurt an der Oder und Cottbus gleichzeitig als ostdeutsche Messestandorte etablieren wollen, werden die Besucher aus der Region kaum zwei Messen gleichen Inhalts besuchen.

Tip: Prüfen Sie daher genau, welche Messe genau die Besucher anzieht, die für Sie interessant sind! Gute Informationen darüber finden Sie auch in der Presse. Es lohnt sich, die Zeitungen des Vorjahres nach den Berichten über die jeweilige Messe zu durchstöbern. Die Zahl der Berichte über eine bestimmte Messe ist ein gutes Barometer für die Bedeutung und das Konzept einer Messe.

Je nach Größe Ihres Zielmarktes sollten Sie die geographische Reichweite der ins Auge gefaßten Messe beachten. Es gibt internationale, nationale und regionale Messen. Es ist nicht alleine der Preis für die Standmiete, der für ein kleines Unternehmen eine zu groß ausgelegte Messe oft nicht empfiehlt: Vielmehr ist es ärgerlich, wenn ein Großteil der Messebesucher für Sie als Kunden nicht interessant ist bzw. nicht in Frage kommt.

Wenn Sie Ihre Messe ausgewählt haben, prüfen Sie noch einmal ganz genau, welchen Platz Ihnen der Veranstalter zubilligt. Oft bekommen Neulinge erst einmal die schlechten Randlagen. Frühzeitiges Buchen (oft schon ein Jahr vorher) und/oder persönliche Gespräche mit dem Veranstalter können die Platzwahl stark verbessern.

Um sich eine klare Entscheidungsgrundlage zu verschaffen, ob Sie an einer Messe teilnehmen sollen oder lieber nach anderen Verkaufsaktivitäten Umschau halten, können Sie folgendes Entscheidungsschema nutzen:

✓ Entscheidungsschema für die Messebeteiligung

Entscheidungsparameter in %	Bedeutung f. Beteiligung (1)	Punktzahl f. die Messe (2) 1 = schlecht 10 = gut	Punkte: (1) * (2)
Besucherstruktur			
Kundennähe			
Ausstellerstruktur			
Bekanntheitsgrad der Messe			
wirtschaftl. Lage			
wirtschaftl. Lage der Branche			
wirtschaftliche Tendenz			
Wettbewerb			
eigene Marktstellung			
Kosten			
Image der Messe			
Marketing der Veranstalter			
Standort der Messe			
Qualität der Hallen			
Service-Leistungen			
sonstiges Angebot			
optischer Eindruck			
	Summe = 100%		

Mit dieser Checkliste haben Sie die Möglichkeit, Ihre persönliche Entscheidung zu objektivieren. Überlegen Sie zunächst, welchen Parametern Sie welche Bedeutung zusprechen. Bewerten Sie dann die entsprechende Leistung der ins Auge gefaßten Messe mit 10 (sehr gut) bis 1 (sehr schlecht). Anschließend multiplizieren Sie die Zahlen. An der Summe erkennen Sie, wie interessant die Messe für Sie ist.

Wenn Sie die ins Auge gefaßte Messe schon einmal besucht haben, haben Sie eine sehr gute Entscheidungsgrundlage, falls Sie die Messe sorgfältig nachbearbeitet haben. Leider läßt die Nachbearbeitung bei vielen Messebeteiligungen zu wünschen übrig. Alle sind froh, daß der Streß vorbei ist. Im nächsten Jahr ist der Blick dann verklärt bzw. die Faktoren nicht mehr genau in Erinnerung. Die Beteiligten spalten sich in zwei Lager: Die einen sagen „*Nie wieder Messe*", die anderen wollen unbedingt wieder dabei sein. Beides taugt als Entscheidungsparameter wenig.
Waren Sie schon einmal als Aussteller auf einer Messe, sollten Sie danach sofort rein rechnerisch sagen können, ob sich die Beteiligung gelohnt hat bzw. was verbessert werden muß, damit sie sich das nächste Mal lohnt.

Scheuen Sie sich auch nicht, eventuell die ganze Messe in Frage zu stellen. Wenn Sie zu dem Ergebnis kommen, daß die Kosten pro Kontakt höher sind, als bei vergleichbaren Verkaufsmaßnahmen, liegt es auf der Hand, auf die Messe zu verzichten.

A

✅ Überprüfen Sie die Kosten des Messeauftritts

	direkte Kosten	personelle Kosten	anteilige Verwalt.-kst.	Kosten pro Kontakt	Umsatz pro Kontakt
Messe					
Telefonmarketing					
Mailing					
Werbung					
Sponsoring					
Roadshow					
Tag der offenen Tür					
Verkauf					
Sonstige					

Schwierig wird die Beurteilung allerdings bei der Gewichtung der geschlossenen Kontakte. Jede Marketingabteilung sollte wissen, ob ein Kontakt beim direkten Verkauf wertvoller ist als einer beim Telefonmarketing etc. Leider ist dies in der Realität aber nur in wenigen Fällen so.

Auf alle Fälle gilt: Wenn Ihre Zielgruppe eine bestimmte Messe akzeptiert, bietet dieses Ihnen als Aussteller durch eine Präsenz auf der Messe die Gelegenheit in sehr kurzer Zeit sehr viele Kontakte zu knüpfen. Entscheidend ist allerdings, wie Sie diese Kontaktmöglichkeiten auf – und vor allem auch nach der Messe – nutzen.

B

Besucher

1. Typische Besucher

Messen ziehen teilweise sehr viele Menschen an. Das ist für Sie als Aussteller gut und schlecht zugleich. Viele Publikumsmessen bringen Heerscharen von Messe-bummlern, die Sie beschäftigen, Prospekte einsammeln, Werbegeschenke mitneh-men und Zeit für Gespräche fordern, ... aber keine müde Mark Umsatz bringen. Wenn Sie einen Messeauftritt planen, sollten Sie sich deshalb über die Besucherstruk-tur informieren, eventuell auch darüber, wer zu welchen Zeiten die Messe besucht.

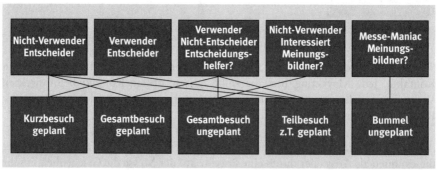

Abb. 1 Besucherstruktur von Messebesuchern

Dabei sollten Sie genau darauf achten, welche Gruppe Ihnen in welcher Weise nütz-lich sein kann, welche Besuchergruppe nur geringe Chancen auf verwertbare Ergebnisse verspricht und wie Sie mit den jeweiligen Gruppen umgehen wollen. Schauen wir uns die oben genannten Gruppen an, um zu überlegen, wie sie im Planungsprozeß berücksichtigt werden können.

Jede dieser Gruppen hat unterschiedliche Wünsche, Prioritäten und Ansichten. Das macht die Arbeit auf dem Messestand nicht leicht.

Zunächst folgendes: Viele Unternehmen konzentrieren sich ausschließlich auf die Entscheider. Sicher hat diese Gruppe eine zentrale Bedeutung für die Auftragsver-gabe, doch beziehen die meisten Unternehmen heute in der Regel andere Personen in die Entscheidungsfindung mit ein. Die ausschließliche Konzentration auf die

Entscheider kann kontraproduktiv wirken, da dadurch z.B. Entscheidungshelfer
- nicht informiert bzw. übergangen werden,
- durch oberflächliche Behandlung abgestoßen werden,
- Partei für den Wettbewerb ergreifen, der sich um sie kümmert,
- Entscheidungskriterien ins Feld führen, an die der Entscheider nicht denkt.

B

Es gibt Entscheider in Unternehmen, die die Produkte und Leistungen Ihres Unternehmens nicht selbst nutzen. Sie bekleiden in den Unternehmen oft die Funktionen des
- Geschäftsführers
- Direktors
- Einkaufsleiters oder
- Abteilungsleiters

Diese Entscheider haben oft keine fundierten Detailkenntnisse, möchten sich jedoch gerne auf der Messe „schlau machen". Sie erwarten von Ihnen, daß Sie sie mit Know-how und Argumenten ausstatten, mit denen sie sich zuhause als informiert ausweisen können. Diese Argumentation sollten Sie nicht in der Fachsprache Ihrer Branche übermitteln, sondern vielmehr die Sprache des Kunden treffen. Sie sollten auch berücksichtigen, daß die oben aufgeführte Gruppe durchaus unterschiedliche Motive hat, die Sie nutzen sollten:

	Geschäftsführer	Direktor	Einkaufsleiter	Abteilungsleiter
Motiv	Darstellung, Ansehen	Organisation, Stärke	Kosten sparen	Prozeßoptimierung, Sicherheit
Wunsch	PR	Umsatzsteigerung	Kostensenkung	Zielerreichung
Argument	Exklusivität	Effektivität	Effizienz	Unterstützung

Erkundigen Sie sich aber unbedingt detailliert nach der üblichen Entscheidungsfindung im Kundenunternehmen und vor allem, wer daran beteiligt ist. Zwar gibt es immer noch eine Menge entscheidender Nicht-Verwender, die „per Order von oben" Kaufentscheidungen fällen und durchsetzen, für das Lieferunternehmen können daraus aber hohe After-Sales-Kosten entstehen, da sich die Verwender möglicherweise dafür einsetzen, die Entscheidung als Fehlentscheidung zu überführen. Sie sollten also in jedem Falle danach trachten, auch die Verwender zu überzeugen.

Wenn Sie mit Entscheidern sprechen, die Ihre Leistung auch direkt verwenden, treffen Sie auf ein mehr oder minder hohes Fachwissen. Diese Menschen sind auf ihr Fachwissen sehr stolz, denn es wurde mit Mühe angeeignet und alles, was uns Schweiß gekostet hat, tragen wir als Auszeichnung vor uns her.

Wenn Sie also mit dieser Gruppe sprechen, ist es die beste Strategie, die Kunden selbst reden zu lassen. Mögen die Thesen Ihres Gesprächspartners auch noch so forsch, falsch oder fahrlässig sein: Besserwissende Fachleute sind dieser Gruppe ein Greuel.
Selbst wenn es Sie einige Mühe kostet, widersprechen Sie nicht. Solche Menschen haben die Fähigkeit, sich Ihre Leistung selbst zu verkaufen.

Für die Messe ist diese Strategie eine der wirkungsvollsten: Lassen Sie Ihren Kunden seine Fachkenntnis genießen. Führungskräfte, gerade im Mittelmanagement, haben Zukunftsangst, viele interne Konflikte zu bestehen und leben in ständigem Zeitdruck. Gönnen Sie es ihnen, sich eigene Stärke einzureden.
Manche Kunden möchten Sie auch zur Weiterbildung nutzen. Sie werden gezielte Fragen stellen. In diesem Falle ist es gut, nicht gleich loszulegen, sondern zunächst einmal zu erfragen, welches Vorwissen Ihr Kunde hat. Menschen fühlen sich weder wohl, wenn Ihnen vorgeführt wird, was sie alles nicht wissen, noch, wenn Ihnen lang und breit bereits Bekanntes vorgekaut wird.

Eine Besuchergruppe wird häufig viel zu lässig behandelt: Die Personen, die in ihren Unternehmen nicht entscheiden können, aber mit Ihrem Produkt bzw. Ihrer Leistung arbeiten müssen. Mit dieser Gruppe führen die Standmitarbeiter gerne interessante Fachgespräche, darüber hinaus werden diese Kontakte oft nicht bearbeitet.
Von diesen Besuchern können Sie allerdings viel über deren Unternehmen erfahren! Sie können herausbekommen, wie das Unternehmen arbeitet, wer womit betraut ist, wer entscheidet etc. Und Sie können mit diesen Besuchern Strategien erarbeiten, wie Sie in das Unternehmen hereinkommen. Diese Mitarbeiter finden es oft spannend, zu versuchen, auf Entscheidungen ihres Top-Managements Einfluß zu nehmen.
In einigen Fällen hören die Entscheider auch auf die Nutzer. Dieser Satz mag sich hart anhören, aber eine Flut von Büchern über Führungsverhalten hat einsame Entscheidungen noch nicht beseitigt. Gerade in Deutschland wird noch oft geglaubt, der Vorgesetzte müsse der 150%ige Mitarbeiter sein, der immer alles besser weiß, Fehler sucht und Vorschläge anzweifelt.

 Fragen Sie die Verwender:
Wie ist die Lage des Unternehmens?
Wie laufen Entscheidungsprozesse ab?
Wer ist mit der Entscheidung beschäftigt?
Wie hat das Unternehmen bisher gearbeitet?
Welche Stärken hatte das bisherige Vorgehen?

Welche Defizite hatte das bisherige Vorgehen?
Welche Wettbewerbsleistungen werden eingesetzt?
und immer: Welches Vorgehen würden Sie mir raten?

B

Versuchen Sie, diese Besucher als Verbündete zu gewinnen, die Ihnen helfen können, Verkäufe vorzubereiten.
Je nachdem, auf welcher Messe Sie sind, werden Sie auf eine vierte Gruppe von Besuchern treffen, die keine Verwender sind, aber großes Interesse haben.

Ein Beispiel: Auf die Boot in Düsseldorf kommen viele, die einen Segelschein haben, von Segel-Yachten träumen, aber nie in der Lage sein werden, sich ihr eigenes „Traumschiff" zu kaufen. Vielleicht werden sie sich aber überlegen, ein solches Boot zu chartern.

Ein weiteres Beispiel: Auf der CeBIT laufen tausende von Computer-Freaks herum, die täglich zehn Stunden vor ihrem Monitor sitzen, aber in keinem Unternehmen arbeiten. Obwohl diese Menschen möglicherweise profundes Wissen über Netzwerke und Netzwerkaufbau haben, werden sie kein Netzwerk kaufen, da sie es nicht brauchen. Vielleicht werden sie aber von Freunden, die eines brauchen, um Rat gefragt.

Auch gibt es Meinungsbildner, z.b. Journalisten, Verbandsmitarbeiter, Mitarbeiter in Verbraucher-Initiativen, Sachverständige, Berater etc. Diese Gruppe ist für den Geschäftserfolg von besonderer Bedeutung, jedoch auf der Messe oft schwer zu erkennen. Viele von ihnen legen keinen Wert darauf, erkannt zu werden. Andererseits geben sich manche auch fälschlicherweise als Meinungsbildner aus, um sich wichtig zu machen, oder um an Werbegeschenke zu kommen.

Wie soll man also mit Menschen umgehen, von denen man ahnt, daß sie keine Umsätze bringen? Zunächst ist das eine Frage Ihrer Marketing-Strategie und der Größe Ihrer Standcrew.
Wenn Ihr Unternehmen ein Konsumgüter-Produzent ist und ein Pull-Marketing (d.h. die Endkunden motiviert, gezielt beim Handel nachzufragen) betreibt, werden Sie genau diese Gruppe von Messebesuchern bei den Aktivitäten im Auge haben. Dann allerdings brauchen Sie auch eine Crew von entsprechender Größe, da der Ansturm auf Ihren Stand gewaltig sein wird.

Vertrauen Sie in gleichem Fall auf das Push-Marketing (d.h. die Händler motivieren, ein Produkt anzubieten und zu unterstützen), werden Sie auf der Messe interessiert sein, eine Handvoll Händler zu treffen. Dazu brauchen Sie das Handwerkszeug, schnell herauszufinden, wie interessant ein Kunde für Sie ist.

Wesentlich dabei ist, daß sich jeder freundlich und korrekt behandelt fühlt. Ich selbst habe schon auf Messen vom Standpersonal Sätze gehört wie: *„Sie gehören nicht zu unserer Zielgruppe. Haben Sie daher Verständnis, daß wir uns mit unseren wichtigen Kunden befassen."* Solche Sätze vergessen wir nicht besonders schnell. Die Mitarbeiter sehen wir nicht mehr vor uns, das Unternehmen, zu dem der Stand gehörte, jedoch sehr wohl. Da die Welt schnellebig ist, weiß niemand, welche Aufgaben wir morgen verrichten. Wer heute kein Kunde ist, kann es morgen sein. Verprellen Sie niemanden, sondern überlegen Sie im Vorwege, wie Sie Gespräche verkürzen können, ohne unfreundlich zu sein *(siehe: „Verhalten am Stand").*

 Um genau zu wissen, ob der vor Ihnen stehende Besucher Händler, Meinungsbildner, Berater etc. ist, sollten Sie direkt fragen:
In welcher Branche arbeiten Sie?
Wie heißt Ihr Unternehmen?
Welche Aufgaben nehmen Sie wahr?
Mit welchen Unternehmen arbeiten Sie zusammen?
An welchen Vorgängen sind Sie genau interessiert?
Brauchen Sie das für Ihre Arbeit?
Nichts ist so unverfänglich wie direkte Fragen.

Eine weitere Gruppe von Besuchern kann Ihnen das Leben schwer machen, wir nennen diese Gruppe die „Messe-Maniacs" oder „Messe-Fanatiker". Verständlicherweise finden viele Menschen Messen interessanter als Museen, die Zukunft ist nun einmal oft anziehender als die Vergangenheit. Mit Staunen ziehen diese Menschen von Stand zu Stand und haben es auch gelernt, Standmitglieder nach allem und jedem zu fragen. Es sind in der Regel freundliche und nette Menschen, die den Mitarbeiter daher schnell in lange Gespräche verwickeln können. Oder aber, hunderte dieser Messebummler plündern Ihre Prospektvorräte, und ehe Sie sich versehen, können Sie einem wichtigen Kunden nur noch versichern, Sie würden ihm die relevanten Unterlagen so schnell wie möglich schicken. Gerade auf Publikumsmessen sollten Sie daher für diese Gruppe spezielle Prospekte haben und für Zielkunden eigene Mappen.

Die Gruppe der Messe-Maniacs ist allerdings recht gut zu erkennen:
• Lässige Freizeitkleidung
• Tüten voller Prospekte

- Langsamer Gang, deutliche Ziellosigkeit
- Werden durch Produktausstellungen oder Aktionen angezogen
- Treten oft in Kleingruppen auf

B

Auch hier gilt, daß Sie durch Freundlichkeit und Höflichkeit am besten Distanz halten. Das muß gekonnt und geübt sein. Es prägt die Stimmung auf dem Stand, denn auch der vorbeikommende potentielle Kunde wird durch die Atmosphäre an Ihrem Stand angezogen oder abgestoßen. Wer unfreundlich den zwanzigsten Messebummler angeraunzt hat, wird sich auch dem Interessenten nur noch verkniffen widmen können.

2. Kundenorientierung

Was für das normale Geschäftsleben gilt, gilt auf der Messe schon lange! Wir müssen uns gewaltig ins Zeug legen, um positiv auf unsere Besucher zu wirken. Wir wollen nicht in das Lied von der Service-Wüste Deutschland einstimmen: Zum einen haben wir in anderen Ländern auch schon schlechten Service erlebt und zum anderen erleben wir in kaum einem Land eine so rapide Verbesserung wie bei uns. Zwar ärgern wir uns auch noch oft, aber wir staunen fast ebensooft.

Das bedeutet für Unternehmen noch größere Anstrengungen, um bei den Kunden Aufmerksamkeit zu erlangen.

Die vier Stufen der Kundenorientierung sind:

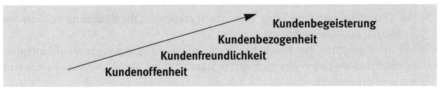

Abb. 2 Die vier Stufen der Kundenorientierung

- **Kundenoffenheit** bedeutet für die Messe, daß der Standbesucher das Gefühl hat, er darf auf den Stand kommen und sich umsehen. Was vielleicht in Ihren Augen eine läppische Minimalforderung ist, wird auf vielen Ständen nicht umgesetzt. Tresen über die gesamte Standbreite als Besucherblocker verleihen zum Beispiel das Gefühl, der Aussteller möchte dringend Distanz halten. Ähnlich wirken überdimensionierte VIP-Bereiche.

Ein Beispiel: Auf der CeBIT haben viele Aussteller riesige Meeting-Points im Oberstock, auf denen sie sich mit Kunden zurückziehen können. Die Treppen dorthin werden gut bewacht und zeigen jedem „normalen" Standbesucher, daß er unwichtig ist. Da war es eine Wohltat, als die Telefongesellschaft o.tel.o die Besucher ebenfalls nach oben führte, alles schien offen. Zwar gab es auch hier Tagungsräume, sie waren jedoch kaum zu sehen.

• **Kundenfreundlichkeit** ist eine Steigerung, die durch Standbau und Architektur nur unterstützt werden kann. Kundenfreundlichkeit ist im wesentlichen die Aufgabe der Menschen am Stand. Das tolle Gefühl kennen alle: Menschen, die uns helfen, scheinen das auch noch gerne zu machen. Die Frage ist: Wie schaffen sie das? Normalerweise geht es im wesentlichen um ein Lächeln und Blickkontakt. Unfreundlichkeit ist keine deutsche Krankheit. Ich habe in den USA viele unfreundliche Bedienungen erlebt. Gerade klagen amerikanische Mitarbeiterinnen von Safeway gegen das „Lächelgebot", da offenbar viele Männer ein Lächeln und Blickkontakt von weiblichen Verkäuferinnen als sexuelles Angebot mißdeuten. Das zeigt einerseits eine Schwierigkeit auf, beweist andererseits die herausragende Wirkung. Wenn Sie also eine Standcrew aufbieten können, die Freundlichkeit über mitteln kann, wird sich das auf Ihren Geschäftserfolg niederschlagen.

• **Kundenbezogenheit** ist wiederum ein Faktor, bei dem das ganze Unternehmen gefordert ist. Alle Prozesse auf der Messe laufen in Richtung Kunde. Neben einem freundlichen Team bemerkt der Kunde, ob der Stand so gebaut ist, daß er übersichtlich die Informationen gewinnen kann, die er braucht:
  – Die Besucherführung läßt eine schnelle Orientierung zu.
  – Die Teammitglieder sind leicht und schnell erkennbar, die Einteilung des Standes ist logisch und übersichtlich.
  – Mit der Einladung zur Messe hat der Kunde vorweg einen genauen Lageplan erhalten; hat ein Unternehmen mehrere Stände auf der Messe, weiß der Kunde wer wo was präsentiert.
  – Der Kunde bekommt nach der Messe Nachricht und wird nicht aus den Augen verloren. Kundenbezogenheit bedeutet, daß der Kunde bei jeder Gelegenheit spürt, daß das Unternehmen kundenorientiert arbeitet.

• **Kundenbegeisterung** bezeichnet die Fähigkeit eines Unternehmens, die Wünsche eines Kunden so zu erfüllen, daß der Kunde positiv überrascht ist und sich an das Kauf- oder Besuchserlebnis nachhaltig erinnert. Dabei ist wichtig, daß die Erinnerung als Teil der Unternehmensleistung empfunden wird.

Was sich in der Theorie wunderbar anhört, ist in der Praxis schwierig. Denn, seien wir ehrlich, so einfach sind wir nicht zu begeistern. Schauen wir uns an, was Kunden auf Messen erwarten:

- Neue Ideen und Produkte
- Überblick über den Wettbewerb
- Überblick über das Angebot
- Marktübersicht
- Erklärungen und Einweisungen
- Erklärendes Material
- Lösungsansätze für Praxisfragen
- Produkt- und Leistungsvergleiche
- Gesprächspartner mit Sachkenntnis
- Persönlicher Kontakt mit Mitarbeitern von Geschäftspartnern

B

Wir erkennen, daß die Erwartungen von Kunden an Messen reichlich hoch sind. Wie auf einem Jahrmarkt werden Besonderheiten erwartet. Viele Unternehmen versuchen daher, auf Teufel komm raus Neuigkeiten zu präsentieren, auch wenn sie keine haben. Selbst Bill Gates hat Erfahrungen mit Weltpräsentationen, bei denen die Software abstürzt. Jedoch haben wenige Unternehmen die Möglichkeit, mißlungene Präsentationen doch noch positiv zu nutzen.

Ich kenne niemanden, der sich nicht als kundenorientiert bezeichnet, aber viele Kunden, die von Enttäuschungen berichten. Daher lohnt ein Blick auf die Punkte, an denen sich Kundenorientierung auf der Messe beweist:

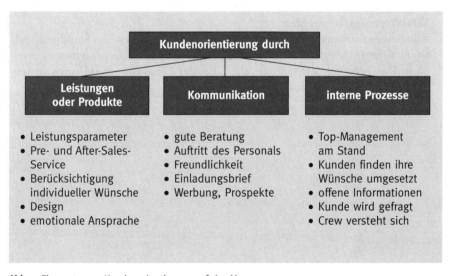

Abb. 3 Elemente von Kundenorientierung auf der Messe

Wenn Sie diese Anregungen stets aus Kundensicht beherzigen, haben Sie schon viel erreicht.
Neulich sah ich eine Einladung zu einem Seminar, auf der stand: *„Vergessen Sie Kundenzufriedenheit – Sie müssen Kunden begeistern."* Ähnliche Artikel gibt es zuhauf. Ich denke, die Unternehmen sollten erst einmal die Umsetzung der Kundenzufriedenheit schaffen und dann weitersehen.

Sicher haben die Forschungen von Professor Anton Meyer zum „Deutschen Kundenbarometer" gezeigt, daß bloße Kundenzufriedenheit noch nicht den Wiederkauf sichert, daß nur „überzeugte" Kunden loyale Kunden sind. Doch immerhin ist es immer noch die Freiheit des Kunden, begeistert zu sein oder nicht. Begeisterung ist eine sehr individuelle Sache. Begeisterung entsteht jedoch erst auf der Grundlage weitestgehender Kundenorientierung.

In vielen Seminaren habe ich die Teilnehmer danach gefragt, wann sie einmal begeistert waren. Dabei ist interessant, daß es drei Bereiche der Begeisterung gibt:
1. Der Kunde hat das Gefühl, ein Produkt oder eine Leistung sehr günstig erstanden zu haben. Manchmal auch im Zusammenhang mit einer After-Sales-Leistung.
2. Der Kunde entdeckt nach einem Kauf Leistungen, von denen er nichts geahnt hat, die er aber nutzen möchte.
3. Der Kunde war von der Freundlichkeit und Herzlichkeit und dem Einsatz des Kontaktpersonals begeistert.
   Kundenbegeisterung durch hervorragende Kommunikation des Standpersonals ist die sicherste Möglichkeit, zumindest bei einigen Kunden Begeisterung zu erreichen. Das bedeutet, daß Sie vor allem bei der Personalauswahl sorgsam sein müssen, wie allerdings auch bei der Motivation der Mitglieder der Crew.

C

Controlling

Eine Messebeteiligung ist dann erfolgreich, wenn die durch sie initiierten Umsätze so hoch sind, daß ihre Deckungsbeiträge (DB) die Messekosten übersteigen. Dabei rechnen wir mit dem Deckungsbeitrag II, der sich grob wie folgt berechnet:

> **Umsatz**
> – Erstellungskosten (z.B. Materialkosten)
> = **DB I** (Deckungsbeitrag I)
> – produktfixe (leistungsfixe) Kosten
> = **DB II**
> – Kosten der Niederlassung (Filiale o.ä.)
> = **DB III**
> – Overheadkosten (Kosten der Zentralverwaltung)
> = **DB IV**
> – / + neutralem Geschäft
> = **Gewinn vor Steuer**

Der Deckungsbeitrag II ist also der Teil vom Umsatz, der für die Deckung der Unternehmenskosten übrigbleibt.

Die Differenz zwischen Umsatz und DB II sind Kosten, die für die Erstellung eines Produktes oder einer Leistung notwendig sind, die also nicht entstehen würden, wenn das Unternehmen die Produktion einstellen würde.

Dabei sind die Erstellungskosten variabel, schwanken also mit der Menge der erbrachten Leistung.

Produktfix sind Kosten, die einem bestimmten Produkt oder einer Leistung direkt zurechenbar sind, aber nicht von heute auf morgen eingespart werden können: Marketing, Gehälter, Raummieten etc.

Der Controller hat im Rahmen der Messearbeit also zwei Aufgaben:
1. Budgeterstellung und Budgetkontrolle
2. Wirkungskontrolle.

1. Budgeterstellung und -kontrolle

Bei der Budgeterstellung haben Sie als Controller auf eine Ausgewogenheit zwischen Wirkung und Kosten zu achten. Das ist nicht leicht, denn die Wirkung ist eine Option auf die Zukunft, die Kosten aber fallen gegenwärtig an. Wer sich jedoch nur als Kostendrücker versteht, wird die Wirkung eines Messeauftritts möglicherweise im Vorwege beschneiden.

Zunächst sollten Sie alle möglichen anfallenden Kosten auflisten:

✔ Kosten-Checkliste

Position	Soll-Kosten	Ist-Kosten	% an Gesamt	Abweichung
1. Konzeptionskosten				
Marktforschung				
Kundenbefragung				
sonst. Information				
Werbeagentur				
Raumkosten d. Meetings				
Bewirtung b. Meetings				
2. Stand				
a) Standmiete				
b) Standbau				
Konzeption				
Design				
Werkstoff				
Standbaumaterial				
Mietstand				
Auf- und Abbau				
Sonderanfertigung				
Kommunikationstechnik				
Gebühren				
Sonstiges				
c) Standausstattung				
Beratung/Konzeption				
Exponate				
Beschriftungen				
Möbel				
Beleuchtung				
Büro-, Küchenausstattung				
Pflanzen				
Dekomaterial				
Videofilm, sonst. Medien				

C

Position	Soll-Kosten	Ist-Kosten	% an Gesamt	Abweichung
3. Transport Leihwagen Spedition Kurier sonst. Frachtkosten Leergutlagerung Zoll				
4. Werbemaßnahmen Beratung/Konzeption, Adresseneinkauf Grafik, Satz, Litho, Druck Text/Übersetzung Konfektion Porto, Telefon Pressefach, Pressemappen Eintrittsgutscheine Katalogeintrag, Eintrag Messeinfosysteme Siegelmarken Außenwerbung, Anzeigen, Sonderdrucke Werbegeschenke, Prospekte, sonst. Werbematerial Honorare				
5. Aktivitäten/Events Eventagentur Künstlerhonorar, Künstlerbewirtung Übernachtungen Requisiten, Materialkosten sonstige Kosten				
6. Standpersonal Gehalt anteilig Messeprämien Motivationsaktion Aushilfen, Dolmetscher Hotelkosten, Spesen, Reisekosten Messekleidung				

Position	Soll-Kosten	Ist-Kosten	% an Gesamt	Abweichung
7. Standbetrieb Strom/Gas, Wasser Reinigung Standbewachung Büromaterial (Mobil-)Telefon, Fax, Kopierer				
8. Standbewirtung Getränke, Lebensmittel Rauchwaren Geschirr, Besteck, Gläser Sonstiges				
9. Diverses Messeausweise, Parkausweise Pressekonferenz Kundenveranstaltung Versicherung Standfotos Entsorgung				

Gerade in der Menge der Posten liegt die Gefahr, daß Kosten höher als geahnt werden. Sie sollten auch die Verrechnungskosten Gehälter etc. in Ihre Budgetplanung nehmen. Denn alle Mitarbeiter, die auf der Messe sind oder die Messe vorbereiten, könnten, wenn sie nicht für die Messe tätig wären, andere Aufgaben wahrnehmen.

Wenn Sie, wie in obiger Checkliste Soll- und Ist-Kosten genau verfolgen und die Abweichungen notieren, haben Sie für kommende Messeauftritte eine gute Richtschnur. Der Prozentsatz, den ein einzelner Posten am Gesamtbudget hat, weist auf seine Planungsbedeutung hin.

2. Wirkungskontrolle

Viele Menschen behaupten, daß die Wirkung von Marketing-Instrumenten nicht genau nachzuweisen wäre. Gerne wird dann Henry Ford mit seiner berühmten Bemerkung zitiert: *„Die Hälfte der Werbeausgaben ist unsinnig, ich weiß nur nicht welche."* Damit jedoch macht man es sich etwas leicht. Was auf jeden Fall ermittelt werden kann, sind Kontakthäufigkeiten, bis hin zu Kontaktkosten. Außerdem sollten Sie versuchen, die Wertigkeiten der Kontakte zu ermitteln.

Eine gute Möglichkeit der Unterscheidung sind Aktiv- und Passiv-Kontakte. Aktiv-Kontakte sind Kontakte, die vom Kunden ausgehen. Wenn Kunden anfragen, nachfragen oder gar kaufen, ist ein hohes Maß an Aufmerksamkeit gewonnen. Bei einer Werbeanzeige in einer Zeitschrift, die Sie ja auch nach TKP (Tausender-Kontakt-Preis) bezahlen, sehen möglicherweise mehrere tausend Menschen Ihre Annonce, ohne eine Aktivität abzuleiten. Sie sollten also versuchen, alle Kontakte zu erfassen, die von Kunden ausgehen.

Nach einem ähnlichen Prinzip funktionieren die ECR-Systeme (Efficient Consumer Response) in Supermärkten: Da jeder Kauf ein vom Kunden ausgehender Kontakt ist, wird dieser über den Balkencode in die Kasse eingescannt und weitergeleitet. Handelshäuser und Produzenten können dadurch heute regional Werbekampagnen und andere Marketing-Instrumente testen.

Welche Kontakte können Sie zählen?
Sie können alle Kundenanrufe und eingehenden Kundenschreiben erfassen. Das erfordert ein wenig Disziplin und Motivation von den Leuten, die an den Kontaktstellen sitzen.

Legen Sie allen Mitarbeitern kleine Telefonformulare hin, in denen Name, Firma, Adresse und mgl. Funktion des Anrufers notiert werden können sowie der Grund des Anrufes und was den Anruf ausgelöst hat (Marketinginstrument).

Diese Kontakte nehmen Sie in eine Übersichtsmatrix auf, die horizontal nach Wochen(-tagen), vertikal nach Ihren Marketingmaßnahmen geordnet ist.

Marketing-maßnahme \ Woche	1. KW	2. KW	3. KW	4. KW	5. KW	6. KW	gesamt
Einladungs-Mailings	25	2					27
Zeitungsanzeige		13	6	3			22
Anzeige Zeitschrift			11	3	1		15
Telefonmarketing			31	12	4		47
Messe (4. KW)				397 *			397
Dank-Schreiben					5		5
1. Nachmailing					7		7
Nachfax					4		4
AD-Besuch						27	27

* gezählte Messegespräche

Ihre Annoncen in Zeitschriften sollten Sie codieren, um bei Rücksendungen zu wissen, aus welcher Zeitschrift und welcher Nummer die Rücksendung animiert wurde. Zugegeben, die ersten Zahlen haben noch keine große Aussagekraft. Aber nach einiger Zeit bekommen Sie ein gutes Gefühl, welche Maßnahmen wie wirken, bzw. welche Maßnahmen Sie miteinander koppeln müssen, um bestimmte Ergebnisse zu erzielen.

Wenn Sie jetzt noch verfolgen, ob, wie und wann die Kunden kaufen, können Sie genau nachvollziehen, welche Umsätze durch welche Aktionen (z.B. eine Messe) generiert wurden:

✔ Prüfen Sie den Erfolg Ihrer Aktionen

Kontakte		Dank-Mailing	Prospekte	Telefonat	Angebot	Nachfaß-Mailing	2. Nachfaß-Mailing	Nachfaß-Telefonat	2. Nachfaß-Telefonat	Auftrag	Höhe des Auftrags
Firma	Ansprechpartner										

Wenn Sie diese Übersichten haben, können Sie immer zielsicherer die Maßnahmen planen. Sie werden gleichzeitig schneller Veränderungen im Kundenverhalten erkennen und schneller Auswege finden.

D

Displays – Aus dem Schatten getreten

D

Viele Jahre standen sie im Schatten ihrer „großen" Geschwister, den Messebau-Systemen: die Display-Systeme. Früher meist als kostengünstige, aber bescheidenere Alternative gesehen, haben die Anwender ihre Vorzüge inzwischen zu schätzen gelernt.

Die ersten Messebau-Systeme entstanden in den 60er Jahren, in den 70er Jahren kamen die Display-Systeme – auch Leichtbau-Systeme genannt – hinzu. Ähnlich wie ihre massiveren Vorbilder wurden sie ständig weiterentwickelt. So kann der Kunde und Nutzer heute aus einer Fülle verschiedener Angebote wählen.

Waren es in der Vergangenheit vornehmlich kleine und mittlere Firmen mit oft begrenzten Budgetmitteln, die diese Leichtbau-Systeme für ihre Messe- und Ausstellungspräsentation einsetzten, so hat sich die Zahl der Einsatzmöglichkeiten und damit auch der Anwender erheblich vergrößert.

Auch große Unternehmen setzen in bestimmten Bereichen heute in nicht geringem Umfang Display-Systeme ein. Neben den Messen und Ausstellungen finden immer mehr kongreßbegleitende Ausstellungen statt, es werden Einkaufstage und Hausmessen veranstaltet, am Point of Sale sind Display-Systeme ebenso zu finden, wie auf gesponsorten Sportveranstaltungen, bei Roadshows und anderen Marketing-Events – wie auch z.B. auf Aktionärsversammlungen – aber auch die Gestalter von Kunstausstellungen, von Foyers in repräsentativen Gebäuden wie Theatern oder Banken, Stadthallen und Hotels, in Kirchen und Museen wissen die Vorzüge der leicht zu handhabenden Systeme zu schätzen.

Kurz, die Dezentralisierung der Marketing-Aktivitäten nimmt in ungeahntem Tempo und Ausmaß zu. „Mobiles Marketing" heißt das Stichwort: Mit möglichst geringem Aufwand wollen Anbieter von Produkten und Dienstleistungen für alle im Laufe eines Marketingjahres auftretenden Einsatzmöglichkeiten das richtige Instrument präsent haben.

Mobiles Marketing ist die Idee, alle Kostenfaktoren, die die Präsentation eines Unternehmens verteuern – wie Auf- und Abbau, Transport- und Lagervolumen, Fremdkosten für den Aufbau kleiner Einheiten – so niedrig wie möglich zu halten und der Visualisierungsaufgabe gleichzeitig seine dominante Rolle zu geben. Ganz wesentlich für das Konzept „Mobiles Marketing" ist der Zweitnutzen, der Synergien im Unternehmen bewirkt und zu einer verstärkten Vernetzung der Marketing-Maßnahmen führt. Die Messebauabteilung, die Verkaufsförderung oder der Außendienst, die PR-Abteilung oder die Werbeagentur planen nicht autark jeweils nur für einzelne Aufgabenbereiche, sondern die Visualisierungslösungen werden aufeinander abgestimmt. Gestaltungen mit zielgruppengenau abgestimmten Austauschteilen lassen eine vernetzte Nutzung für die verschiedenen Abteilungen zu. Diese müssen ihre unterschiedlichen Anforderungen definieren, so daß ein genaues Konzept für die Gestaltung einer flexiblen und variablen Firmen- und Produktpräsentation mittels Display-System entwickelt werden kann.

Welche Arten von Display-Systemen gibt es auf dem Markt und wie finde ich das für mich richtige?
Generell unterscheidet man vier Grundtypen, wobei es natürlich auch Mischformen oder Abwandlungen gibt. Darüber hinaus werden von wenigen Herstellern sehr ansprechende, z.T. mit Design-Preisen ausgezeichnete Display-Systeme angeboten, die sich schwer in irgendwelche Kategorien einordnen lassen, aber zielgerichtet für einen bestimmten Einsatzzweck entwickelt wurden.

1. Faltdisplays
Auffaltbare Metallrohrkonstruktionen, an die flexible oder starre Paneele befestigt werden.

Vorteile	Nachteile
• geringes Volumen	• teure Grundkonstruktion
• geringes Gewicht	• oft anfällig in den
• wenig Einzelteile	Verbindungselementen
• meist nach kurzer Einweisung	• umständliche Befestigung der Paneele
einfach zu handhaben	• ausbaufähig nur durch
• schnell aufgebaut	Zusammenstellen mehrerer Einheiten
• Aufbau i.d.R. ohne Werkzeug	• Deko oft kostenaufwendig
	• begrenztes Zubehörangebot

Abb. 4 Faltdisplays

2. Klappdisplays

Aufklappbare, mit Scharnieren verbundene Rahmen aus Aluminium oder Kunststoff, in die starre Paneele eingeschoben oder eingeklemmt werden.

Vorteile	Nachteile
• meist preiswerte Grundeinheiten	• Scharniere gelegentlich anfällig
• keine Einzelteile	• Vorsicht vor Einklemmen der Finger
• Paneele können beim Transport in den Rahmen bleiben	• Gewicht der Rahmenkonstruktion mit Platten
• schneller Aufbau	• begrenztes Zubehörangebot
• Aufbau i.d.R. ohne Werkzeug	• Volumen abhängig vom Plattenmaß
• preiswert zu gestalten	• mangelnde Variabilität

Abb. 5 Klappdisplays

3. Stecksysteme

Platten oder Rahmen (mit Dekoplatten) werden mittels Verbindern in der Horizontalen und der Vertikalen zusammengesteckt und verbunden.

Vorteile	Nachteile
• variabel in der Anordnung der Paneele oder Rahmen	• Volumen abhängig vom eingesetzten Plattenmaß
• fast unbegrenzt ausbaubar, vom Display zum Messestand	• Aufbau erfordert kurze Einweisung oder Aufbauanleitung
• preiswerte Grundeinheiten	• Aufbauplanung notwendig
• preiswert zu gestalten	• viele Einzelteile (Verlustrisiko)
• am längsten am Markt	
• Aufbau i.d.R. ohne Werkzeug	
• robust und langlebig	
• breites Angebot von Zubehör, wie z.B. Vitrinen, Podeste, Theken, Leuchtkästen, Beleuchtung, Schranktüren, Kabinentüren, Deckenkonstruktionen	

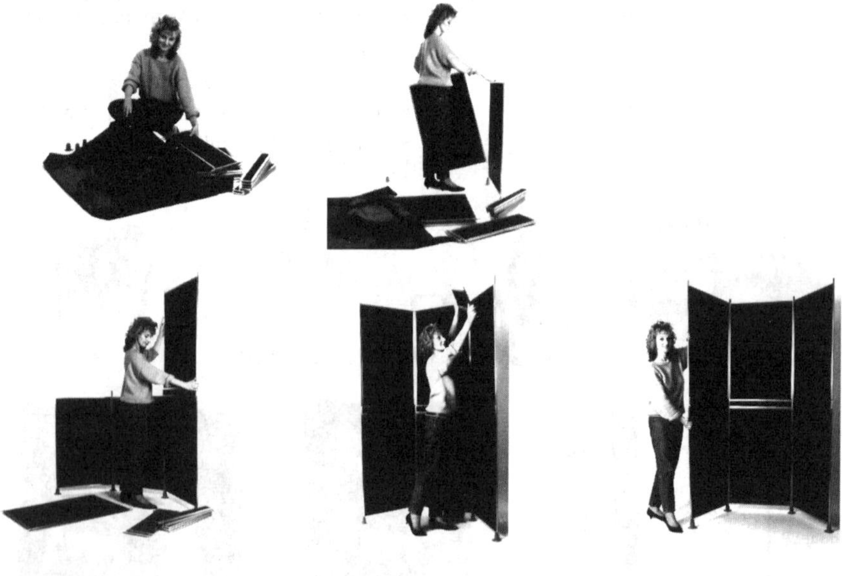

Abb. 6 Stecksysteme

4. Stangen-Platten-Systeme
Kompakte Dekoplatten – oft Leichtbauweise – werden in freistehende Stangen eingehängt.

Vorteile	Nachteile

• Stabilität
• große Dekoflächen
• langlebig
• unbegrenzt ausbaufähig
	• meist nur mit
	  zwei Personen aufzubauen
	• Kosten
	• Volumen abhängig vom Plattenmaß
	  und Länge der Stangen
	• häufig Transport per PKW
	  nicht möglich

D

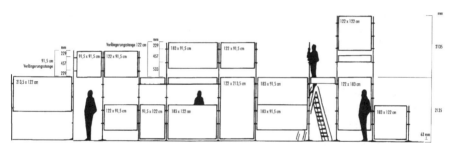

Abb. 7 Stangen-Platten-Systeme

Wie findet man nun das passende Display-System?
Zuerst müssen Sie sich über die **Einsatzzwecke und -funktionen** schlüssig werden:
• Wollen Sie, daß plakative Darstellungen mit Informationen dominieren, Produkte präsentieren und vorführen (wie viele/Größe/Gewicht) oder Verkostungen vornehmen?
• Wie groß müssen die Dekoflächen bzw. -tafeln sein?
• Gibt es die Möglichkeit, Regale, Theken usw. aufzustellen?

Der **Ort des Geschehens** spielt eine große Rolle beim Einsatz von Display-Systemen: Drinnen oder draußen, Foyer, Ausstellungsraum, Messehalle, Lagerhalle, Supermarkt, Kaufhaus, Hotel, Kassenraum einer Bank, Museum, Fußgängerzone, Einkaufszentrum usw.
Wieviel Fläche steht zur Verfügung?
Gibt es Publikumsverkehr?

Wie sind die Lichtverhältnisse?
Die Auswahlkriterien für das System sind stichwortartig u.a.:
- Stabilität,
- Bauhöhe,
- Wind- und Wetterfestigkeit,
- Anbau- oder Verkleinerungsmöglichkeit,
- Beleuchtungszubehör.

Mitentscheidend ist die **Dauer der einzelnen Einsätze** und die **Häufigkeit des Auf-
und Abbaus,** was hohe Anforderungen an die Haltbarkeit, insbesondere der
Verbindungstechnik, stellt.
Sie sollten sich zudem fragen, wieviel Aufwand und Zeit Sie für den Auf- und Abbau
und das Anbringen der möglichst robusten Dekoration benötigen. Davon ist auch
abhängig, wer den Auf- und Abbau sowie den Transport vornimmt, Messebaufachleute, Dekorateure, Ihr eigenes oder fremdes Verkaufspersonal. Ist das
System anfällig für Beschädigungen, gibt es Möglichkeiten zur Reparatur? Steht ein
Transportfahrzeug zur Verfügung oder nur ein Pkw? Gewicht und Volumen wie
auch die Transportverpackung sind hier die Auswahlkriterien.

Die meisten Display-System-Hersteller und -Anbieter sind inzwischen davon
abgerückt, ausschließlich „Hardware" anzubieten. Sie überlassen es nicht mehr dem
Anwender, wie und womit er seine Display-Wände gestaltet und dekoriert. Sie haben
erkannt, daß ihre Kunden teils aus mangelnder Erfahrung, teils aus Zeit- und/oder
Kostengründen bei weitem nicht die im Design des jeweiligen Systems steckenden
Gestaltungsmöglichkeiten herausgeholt haben. Die dem Kommunikations-Ziel entsprechende professionelle Gestaltung eines Display-Systems erfordert gestalterisches
und technisches (Foto, Druck, Typographie, Grafik) Know-how, das viele Display-
Hersteller, -Anbieter und deren Partnerfirmen mittlerweile als Service anbieten.

Trotzdem sollten Sie wissen, worauf es bei der Gestaltung eines Displays – ganz
gleich ob nur plakativ informierend oder als kleiner Messestand – im wesentlichen
ankommt. Es gilt, das Image Ihres Unternehmens darzustellen – sind Sie eher „tra-
ditionell", „qualitätsbewußt", „hochtechnologisch" oder eher „zeitgenössisch/mo-
dern" bzw. „sportlich"?

Wenig ist häufig mehr, z.B. beim Werbetext. Dessen Aussage soll sich auf den
Besucher/Käufer konzentrieren, nur wenige Vorteile hervorheben sowie präzise und
glaubwürdig sein. Der Besucher muß in drei Sekunden erfahren, wer Ihr Unternehmen ist, was es macht und welches die wichtigsten Vorteile Ihres Produktes/-

Services sind. Lebensgroße oder übergroße Grafiken sind beeindruckend und erregen Aufmerksamkeit.

Durch die Beleuchtung schaffen Sie Stimmung und betonen einzelne Informationen und Exponate.
Tische und Stühle sollten Sie seitlich aufstellen, um keine Barriere zwischen dem Display und dem Besucherfluß zu erzeugen.
Lebende Blumen und Pflanzen haben nicht nur dekorativen Charakter, sie können Grafiken betonen und, ganz banal, z.b. Kabelanschlüsse verdecken.

Die Farbgebung des Displays verlangt Fingerspitzengefühl: Die dominierende Farbe ist schon von weitem zu erkennen und wirkt einladend – oder auch weniger einladend.
Eine Farbe kann viele verschiedene, ungewollte oder gewollte physiologische und psychologische Signale senden: Blau wie auch Grün wirken positiv und beruhigend, Gelb ist der beste Aufmerksamkeits-Wecker. Orange dagegen kann „billig" erscheinen, während Pastelltöne einen Willkommens-Effekt haben. Rot ist emotional geladen und für die Augen schwer zu verarbeiten, weshalb es nicht zu sehr verwendet werden sollte. Während Schwarz Stärke repräsentiert, steht Weiß für Ehrlichkeit und Reinheit. Höchste Qualität symbolisieren Gold, Silber und Platin – sparsam eingesetzt.

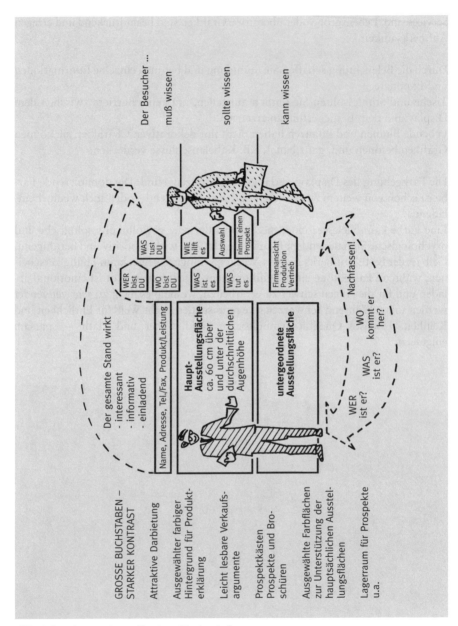

Abb. 8 Gestaltungsschema für einen Display-Aufbau

E

Event

Noch vor 30 Jahren gingen die Besucher staunend über Messen: Da entdeckten sie Produkte, die sie noch nie gesehen hatten, und verfolgten die Bewegungen von Maschinen, die Dinge konnten, die sie nicht für möglich hielten. Es schien, als hätten die Romane von Jules Verne Gestalt angenommen. In einer Zeit, in der das Angebot die Nachfrage nicht deckte, genügte es, auf Messen die bloßen Produkte vorzustellen. Für die Menschen war schon das sensationell.

Ein persönliches Beispiel: Als ich 1964 auf der IVA in München eine E-Lokomotive fahren durfte, war nicht nur klar, daß ich Lokführer werden wollte, sondern ich zehrte tagelang von dem Erlebnis.

In den späten 60er und den 70er Jahren wurden die Ausmaße des Wirtschaftswunders immer deutlicher. Spätestens nach der ersten Mondlandung wurde es für Aussteller schwieriger, die Besucher zu faszinieren. Die Kaufkraft war stark gewachsen, das Warenangebot hatte sich deutlich verbessert. Die Kunden wurden von mehreren Anbietern umworben und konnten wählen. Die Aussteller verbesserten zunächst vor allem Aufbau und Anmutung der Stände. Der schon ein wenig verwöhnte Besucher sollte die Produktleistung in attraktiver Umgebung genießen.

In den 80er Jahren eröffnete sich den Ausstellern ein neues Dilemma: Der Trend bei den Produkten ging zum „immer kleiner" und widersprach der gigantomanisch ausgerichteten Sehgewohnheit. Außerdem gab es – selbst in Deutschland – den Trend zur Dienstleistung, die allein oder als „added value" (Zusatznutzen) angeboten wurde. Jetzt waren neue Methoden gefragt, um den Besucher zu faszinieren. Dies gelang mit Hilfe von Aktionen: Clowns machten Späße, Zauberer oder Models gaben Vorstellungen, manchmal verdiente sich auch ein Schlager-, Sport- oder Kinostar ein Zubrot.

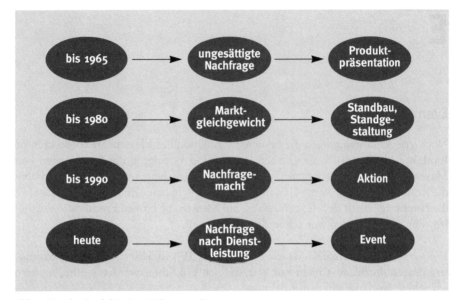

Abb. 9 Von der Produktpräsentation zum Event

Heute empfinden die Verbraucher technische Innovationen kaum mehr als sensationell. Kürzere Lebenszyklen zwingen die Produzenten, Kunden emotional zu binden, statt sie von dem konkreten Produkt zu überzeugen. Kunden achten eher darauf, wie stark ihnen ein Angebot nutzt, sie wollen immer individueller zugeschnittene Leistungen. Standardprodukte lassen sich kaum mehr verkaufen, die Kunden verlangen Zusatzleistungen. Das bringt die Messeaussteller in ein Dilemma: Was kann man den Besuchern noch bieten, um auf sich aufmerksam zu machen? Wie können wir, mit einem Angebot, das mehrere Stände im Umkreis auch haben, immer anspruchsvolleren Kunden unsere Leistung näherbringen?

In dieser Situation wurde die Emotion wiederentdeckt. Messebesucher können längere Zeit an einen Stand gebunden werden, wenn ihre Emotionen angesprochen, sie gefühlsmäßig in das Geschehen eingebunden werden. Das entscheidende Stichwort in diesem Zusammenhang ist das Event.

Spätestens wenn die handelnden Unternehmen Interessenvertretungen gegründet haben, kann man von einer Bewegung sprechen: 1997 hat sich das FME (Forum Marketing-Event-Agenturen) im FAMAB (Fachverband für Messe- und Ausstellungsbau) gebildet. Dieses Forum definiert Events als „... *Veranstaltungen und*

Aktionen, die primär Marketing-Zielen dienen und Informationen, Produkte, Dienstleistungen und Strategien erlebnisorientiert vermitteln".

Ziel eines Events ist es, dem Besucher einen bleibenden Eindruck zu vermitteln, der mit dem Unternehmen des Ausstellers oder seiner spezifischen Leistung verbunden ist. Wie kann das erreicht werden?

Events wollen die Kunden reizen, sie wollen den Zuschauer in eine sinnliche Erlebniswelt versetzen, die ganzheitlich mehrere oder alle Reizantennen des Kunden bedient:

E

- Sehen
- Hören
- Riechen
- Schmecken
- Tasten
- Fühlen

Wenn eine Phantasie, ein Traum oder Erlebnis erzeugt werden soll, müssen die Umsetzungen kreativ sein. Nichts wäre schlimmer als der Effekt bei den Zuschauern: *„Das haben wir doch letztes Jahr bei ... schon gesehen."* Aber auch die tollsten Events nutzen nur, wenn sie die Marketing-Zielsetzung befördern. Durch die Ansprache der Gefühle werden Bedürfnisse geweckt, die den Zuschauer für den informativen Gehalt öffnen sollen.

Es gibt in der Zwischenzeit sehr viele gute Event-Agenturen. Die Agentur kann aber regelmäßig nur so gut sein, wie ihr Briefing. Nur wenn Sie Ihre Vorstellungen genau darlegen und die Arbeit der Agentur kritisch begleiten, kann etwas herauskommen, was Ihrem Unternehmen hilft (und nicht nur der Agentur).

✔ Was kann ein Event leisten?

☐ Bekanntheitsgrad des Unternehmens steigern
☐ Image verbessern oder verändern
☐ Aufmerksamkeit gewinnen
☐ Sympathiewert erhöhen
☐ Gedankliche Auseinandersetzung mit der Emotion erfüllen
☐ Differenzierung vom Wettbewerb durch Gefühl erreichen

Wie immer machen diese Leistungen nur Sinn, wenn Umsätze gesteigert (bzw. bei sinkender Branchenentwicklung gehalten) werden können.

Nun wird es aber auf herkömmliche Art immer schwerer, Kunden zu halten und erst recht, sie auf sich aufmerksam zu machen. Die Erlebnisgewohnheiten der Kunden sind verwöhnt, der ganze Alltag ist eine Erlebniswelt. Das Informationsbedürfnis ist weitestgehend gesättigt, der Besucher lebt im Informationsüberfluß. Events brauchen daher neue Ideen, Phantasien, Imaginationen. Sie fassen Impulse aus Theater, Musik, Grafik, Happening, Dekoration und Text zusammen.

✓ Die Schlüsselbegriffe für Events

erreicht werden soll	Hilfsmittel sind	erzeugt werden
Sinnesfreude	Licht	Figuren
Spaß	Ton	Stuntshows
Esprit	Multimedia	Life Acts
Erlebnis	Musik	Gelage
Phantasie	Nebel	Shows
Imagination	Symbole	Zauberei
Sensation	Computeranimation	Akrobatik
Stimulation	Videowände	Kleinkunst
Erotik	Modelle	Feuerwerk

Es ist nicht leicht, die Sensation so zu inszenieren, daß der Name des Auftraggebers nicht verlorengeht, und daß Erlebnischarakter und Auftraggebername längere Zeit im Bewußtsein des Zuschauers präsent bleiben.
Ein gelungenes Beispiel: VW z.B. hat Events an die Golf Sondermodelle Rolling Stones, Bon Jovi oder Pink Floyd gebunden, um den Nachhall länger zu gestalten.

Derartige Programme machen eins deutlich: Events können, wenn Sie nicht aufpassen, gigantische Summen verzehren. Gerade für Messen gibt es jedoch viele Events, die bezahlbar sind. Spiele z.B. ziehen regelmäßig viele Besucher an und sind nicht unbedingt aufwendig.

Ein Event muß sauber auf die Besucher der Messe bzw. spezifisch auf die Zielgruppe des Unternehmens abgestimmt sein.

⊗ Ein Beispiel

Auf der 4. Europäischen Jugendmesse „YOU" in Dortmund gab es denn folgerichtig
- Dance Stations, auf denen sich die Besucher aktiv abreagieren konnten,
- eine elf Meter hohe Snowboard-Rampe
- ein Bike Parcours mit Rüttelpiste u.ä.
- einen Graffiti-Contest
- Cyberspace-Aktionen und vieles mehr.

Alles abgestimmt auf junge Leute und darauf angelegt, sie in das Geschehen hereinzuholen, zum Mitmachen zu aktivieren, um damit eine enge Verbindung zu den Ausstellern zu initiieren.

E

Das stellt hohe Anforderungen an eine Agentur. Eine Agentur muß wendig, ständig auf der Suche nach Neuem sein und sie muß ein gutes Einfühlungsvermögen für ihre Zielgruppe haben.

Tip: Achten Sie bei einem Agenturangebot darauf, daß es die Lage Ihres Unternehmens sowie die der Besucher erfaßt und kreativ verbindet. Legen Sie Wert darauf, daß die Agentur eindeutig Ihre Ziele verfolgt und hinterfragen Sie, wie die Maßnahmen Ihr Ziel erfüllen.

✓ Was die Agentur bieten sollte

Achten Sie auch darauf, daß das Agenturangebot unbedingt die folgenden Positionen umfaßt:

☐ Briefing	außerdem alle Fremdleistungen:
☐ Abstimmungen	
☐ Recherche	☐ Künstler
☐ Präsentationen	☐ Technik
☐ Konzeption	☐ Kosten für den Durchführungsort
☐ Planung	☐ Personal
☐ Organisation	☐ Catering
☐ Durchführung	☐ Hotel
☐ Dokumentation	☐ Logistik
☐ Reisekosten	
☐ Spesen und Nebenkosten	

Außerdem sollte die Agentur neben der Konzeption die Steuerung der Veranstaltung übernehmen und alle Spezialunternehmen koordinieren. Sie haben Arbeit genug, eine Agentur soll Ihnen Arbeit abnehmen.

Achten Sie bei der Arbeit auch darauf, daß sich alle an der Messe beteiligten externen Partner miteinander abstimmen. Vor allem Standbau und Event müssen miteinander harmonieren. Der Standbau muß frühzeitig über Ihre Ideen bezüglich aller Aktionen informiert werden, um auch auf dem Stand die Voraussetzungen für einen reibungslosen Ablauf zu schaffen. Bei besonderen Events muß auch geprüft werden, ob diese rechtlich im Rahmen der Halle möglich sind, ob sie der Hallenboden trägt etc.

Noch etwas müssen Sie wissen, wenn Sie ein Event auf Ihrem Messestand planen: Es gibt nie eine Gewähr dafür, daß Ihr Event auch tatsächlich den gewünschten Erfolg hat! Denn das Überraschende eines Events bringt es mit sich, daß diese stets Unikate sind, deren Wirkung auf Ihre Kunden nicht vorher getestet werden kann. Alle Geschehnisse der Vergangenheit können wir Mithilfe von Logik begründen und nachvollziehen, die Zukunft können wir mit den gleichen Mitteln nicht vorhersagen. Aber gerade darin liegt auch der Reiz des Events: Überraschungen schaffen.

F

Finanzierung von Messeständen

Entscheidungskriterien für Kauf, Miete und Leasing
Die seit fast 30 Jahren am weitesten verbreitete Form der Finanzierung eines Messestandes ist die Miete: Der Aussteller mietet seinen Stand – oder zumindest große Teile davon von einem Messebau-Unternehmen. Ausgangspunkt für diese Entwicklung waren seinerzeit die neu entwickelten Standbau-Systeme, die es den Messebauunternehmen möglich machten, Messestände mit System zu bauen, Bauteile auf Lager zu nehmen, Systemteile und Standbauelemente – immer wieder neu arrangiert – mehrfach zu verwenden. Dadurch bedingt reduzierten sich die Baukosten für Messestände Anfang der 70er Jahre erheblich, denn der Aussteller mußte nun nicht mehr die komplette Herstellung eines Standes inklusive aller Materialkosten bezahlen, sondern das Messebau-Unternehmen mußte nur die anteiligen Kosten für die Abnutzung – Abschreibung, Kapitaldienst, Wartung, Lagerkosten, Betriebsgewinn – für die mehrfach verwendbaren Standteile in Rechnung stellen.

In den vergangenen Jahren hat sich mit dem Wunsch der Aussteller nach attraktivem, individuellerem Design ihrer Messestände die sogenannte Mischbauweise durchgesetzt: Der Messestand wird gemäß Briefing und Corporate Designs des Ausstellers konzipiert und entworfen.
In der Umsetzung werden nach ökonomischen Überlegungen Systemteile, konventionell hergestellte Standelemente und modulare Bauteile – individuell geplante und produzierte Elemente, die aber aufgrund ihrer Herstellungsweise mehrfach genutzt werden können – eingeplant und eingesetzt (*s. auch unter „Umwelt"*).

Ausstellende Unternehmen, die häufiger an unterschiedlichen, manchmal auch weit voneinander entfernten Einsatzorten präsent sein müssen, oder die große, aufwendige Messekonzepte realisieren wollen, sollten sich ausgehend von diesen neuen Entwicklungen im Messebau eingehend Gedanken machen über die jeweils günstigste Finanzierungsform.

Einige Messebau-Unternehmen bieten heute moderne Standbau-Systeme und modulare Bauteile alternativ zu attraktiven Kaufmiet-, Miet- und Leasingkonditionen an.

Wenn Sie sich aus marketingpolitischen Gesichtspunkten für eine oder mehrere Messe- bzw. Ausstellungsbeteiligungen entschieden haben, stellt sich die Frage nach der für Sie günstigsten Finanzierungsform. Ob Fach- oder Universalmesse – der Messetyp ist dabei für die Entscheidungsfindung unbedeutend. Vielmehr bildet

• der Umfang,

• die Einsatzhäufigkeit sowie

• die Art und Ausführung des Messestandes

die Entscheidungsgrundlage zur Auswahl der für Sie günstigsten Finanzierungsart.

✓ Entscheidungskriterien auf einen Blick

☐ Art der Standgestaltung

☐ Zahl der Messebeteiligungen und Zahl der möglichen Überschneidungen

☐ Unsicherheit über zukünftige Beteiligungen

  – Erstbeteiligung

  – mehrjährige Beteiligung

☐ Formen der Beteiligung

  – Standgröße (unterschiedlich?)

  – Standgestaltung (unterschiedlich?)

☐ Formen der Produktpräsentation

☐ Auslandsbeteiligung

☐ Konzept der Nutzung entscheidend!

Kostenerfassung

Im Rahmen der Kostenerfassung für Ihre Messebeteiligungen (s. *Kapitel „Controlling"*) werden Sie auch die Bau- und Herstellungskosten des Standes erfassen. Die Gesamtkosten, die allein für den Standbau anfallen, gilt es noch einmal darauf zu durchleuchten, inwieweit diese „veranstaltungsfixe" Kosten sind. Nur wenn ein Messestand auf verschiedenen Veranstaltungen unverändert eingesetzt wird, sind die Anschaffungskosten in voller Höhe durch die Anzahl der Einsätze zu teilen und den vergleichbaren Mietkosten gegenüberzustellen.

Die Differenzierung zwischen fixen und variablen Kosten, bezogen auf die jeweilige einzelne Messebeteiligung, ist der erste Schritt für die Erstellung einer detaillierten Entscheidungsgrundlage.

✓ Kosten Messestand pro einzelner Messebeteiligung		
	variabel	fix
Standmiete	x	
Personalkosten	x	
Reisekosten	x	
techn. Betriebskosten	x	
Bewirtung	x	
Diverses	x	
Transportkosten	x	
Lagerkosten	x	
Gestaltung	x	x
Standbauteile		x
Sonderanfertigungen	x	x
Entwurfskosten	x	x
Auf- und Abbaukosten	x	

Die als variabel gekennzeichneten Kostenanteile werden nur für die jeweils betrachtete Veranstaltung aufgestellt und werden nur der Abrechnung dieser Veranstaltung belastet.

Andererseits sollten Sonderanfertigungen möglichst so konstruiert sein – z.B. modular – , daß sie auch bei Folgeveranstaltungen wieder eingeplant werden können. Solche – veranstaltungsfixen – Kostenanteile können dann in Ihrer betrieblichen Kostenrechnung in Form von Abschreibungen über mehrere Jahre mehreren Veranstaltungen zugerechnet werden.

Es gibt Kosten, die sich auf den ersten Blick nur schwer in Mark und Pfennig ausdrücken lassen. Denken Sie da z.B. an Messestände mit einem hohen Gestaltungsanteil. Dennoch sollten Sie bemüht sein, auch diesen Aufwand zu kalkulieren. Darüber hinaus gibt es weitere wichtige Entscheidungskriterien, die Sie bei der Kostenerfassung berücksichtigen und gewichten sollten:

• Standbauweise
• Standgestaltung
• Standtransport
• Standmontage
• Lagerung

1. Standbauweise

Eine hohe Variabilität des Messe- bzw. Ausstellungssystems eröffnet zusätzliche Einsatzmöglichkeiten. Standbau-Systeme können gegenüber individuell angefertigten Bauteilen auch zwischen den Messezeiten gewinnbringend eingesetzt werden – so z.b. bei Events, Jahreshauptversammlungen, Produkteinführungen – und können damit dann zusätzlichen Bereichen kostenmäßig zugerechnet werden.

2. Standgestaltung

Messebauunternehmen und Messebau-System-Hersteller bieten einen qualifizierten, auf Standsysteme zugeschnittenen Design- und Gestaltungsservice, der individuelle Gestaltungskonzepte kalkulierbar macht. Systemelemente und Module sind heute in CAD-Bibliotheken abgespeichert und erlauben bei jeder neuen Planung einen gezielten Zugriff auf die für Ihren Messestand hergestellten und gelagerten Bauteile.

Wenn Sie ein Standsystem einsetzen, das im Hinblick auf den Einsatz der Sonderanfertigungen und Dekorationen kompatibel ist, so werden diese Sonderanfertigungen zu gleichen Teilen auf alle Veranstaltungen verteilt – egal, ob Sie den Stand kaufen oder mietkaufen. Diese Beträge sind also unter diesen Bedingungen zu gleichen Anteilen „veranstaltungsfix". Dies trifft allerdings nicht auf Dekorationen etc. zu, die nur für eine spezielle Messe hergestellt werden.

3. Standtransport, -montage, -lagerung

Aufwendungen für den Auf- und Abbau, Transport und Lagerung sind variable Kosten. Sie fallen an, egal, ob Sie einen Messestand kaufen, mieten oder leasen. Folglich müssen diese Kosten aus der Betrachtung herausgelassen werden und ggf. aus den angebotenen Mietpreisen herausgerechnet werden, wenn Sie einen Kostenvergleich anstellen.

Das Serviceangebot vieler Messebauunternehmen – Auf- und Abbau, Transport, Lagerung – ist generell nicht mehr davon abhängig, ob ein Ausstellerkunde seinen Stand mietet, oder aus guten Gründen kaufen, mietkaufen oder leasen will.

Miete, Kauf und Leasing im Vergleich
1. Miete

Definition: Zu einem fest vereinbarten Mietpreis erhält der Mieter das Recht, das gemietete Gut (Messestand, Display) über eine vereinbarte Dauer an einem vereinbarten Ort zu nutzen (d.h. das Standsystem wird zeitweilig zum Besitz, aber nicht Eigentum).

Bilanztechnische Betrachtung: variable Kosten

Pro-Argumente:
• keine Kapitalbindung, unbelastete Liquidität
• freie Entscheidung für nächste Veranstaltungen
• Erfahrungen können problemlos in Konzept und Gestaltung des nächsten Standes einfließen
• parallele Veranstaltungen bedingen keine zusätzlichen Investitionskosten
• Amortisation ist kein Thema (z.b. bei mehrjährigem Veranstaltungsrhythmus)
• Auslandsbeteiligungen sind nicht mit hohen Transport- und ungewissen Aufbaukosten verbunden
• keine Lagerkosten
• keine Wartungskosten
• keine Reparaturkosten (... es sei denn, der Stand wird selbst aufgebaut)

2. Kauf
Definition: Für ein eindeutig beschriebenes Gut (Messestand, Systemteile, Display) wird ein Kaufvertrag abgeschlossen. Mit Übergabe und Bezahlung geht das Gut in Besitz und Eigentum des Kunden über.

Bilanztechnische Betrachtung: Anlagevermögen, das über einen bestimmten Zeitraum abgeschrieben werden muß. Die Abschreibungssumme ist abhängig von der betrieblichen Nutzungsdauer. Afa und Zinsen sind fixe Kosten in der G+V.

Pro-Argumente:
• Alle Standteile können den individuellen Bedürfnissen entsprechend gestaltet werden (außergewöhnliche Exponate/Corporate Design; gleiches Erscheinungsbild)
• geringere Kosten bei mehreren Veranstaltungen pro Jahr

3. Mietkauf
Definition: Für ein eindeutig beschriebenes Gut (Messestand, Systemteile, Display) wird ein Kaufvertrag abgeschlossen. Mit Übergabe geht das Gut nur vorerst in den Besitz des Ausstellers über. Es werden Mietraten vereinbart, die monatlich oder zu bestimmten Anlässen gezahlt werden. Nach Bezahlung der vereinbarten letzten Mietrate und eines eventuell vereinbarten Restwertes – bei Mehrfachmiete mit Kaufoption (s.u.) – geht der Messestand in das Eigentum des Kunden über.

Bilanztechnische Betrachtung:
• regelmäßige Mietraten-Kosten

* Afa sind zusätzliche Kosten, aber keine Ausgaben
* Aktivierung als Eigentum, weil der Stand mit letzter Mietrate in das Eigentum übergeht

Pro-Argumente:
* Liquiditätsgewinn
* Festpreisgarantie (evtl. inkl. Reparaturen, Wartung, Einlagerung, Versicherung)
* Kostenvorteile bei mehrmaligem Einsatz (evtl. auch Mehrfachnutzung auf hausinternen Veranstaltungen)
* Mietzahlung pro Einsatz möglich

4. Mehrfachmiete mit Kaufoption (Hersteller-Leasing)
Bilanztechnische Betrachtung: Der Unterschied zum Mietkauf liegt darin, daß ein Restkaufpreis vereinbart wird für den Fall, daß der Stand gekauft werden soll. In diesem Fall müssen die Kosten am Anfang nicht aktiviert und nicht abgeschrieben werden, sondern erst, wenn die Kaufoption wahrgenommen wurde.

Pro-Argumente:
* geringere Mietraten, Zahlung pro Einsatz
* freie Entscheidung vor Ablauf der Vereinbarung

5. Finanz-Leasing
Bilanztechnische Betrachtung: Leasingraten sind laufende, fixe Kosten

Pro-Argumente:
* keine Kapitalbindung (EK + FK)
* Neutralität der Finanzierung
* Preisnachlässe verhandelbar
* feste, kalkulierbare Kosten über die Dauer der Laufzeit (pro Monat)

Leasing und Mietkauf
Leasing und Mietkauf bieten sich als alternative Finanzierungsform erst dann an, wenn die Entscheidung grundsätzlich pro Kauf ausgefallen ist. Dies gilt insbesondere für das Finanzierungsleasing, bei dem der Messebaubetrieb/Systemhersteller den Stand an eine Leasinggesellschaft (Leasinggeber) verkauft.

Wenn Sie den Stand in allen Einzelheiten mit dem Messebaubetrieb verhandelt und festgelegt haben, erhalten Sie die Standbauteile für eine festgelegte Nutzungsdauer (18–36 Monate) gegen eine feste monatliche Leasinggebühr zur freien Verfügung.

Eigentümer ist in diesem Fall die Leasinggesellschaft, mit der Sie verschiedene Formen der Vertragsgestaltung vereinbaren können.

Es ist nicht einfach, Leasinggesellschaften zu finden, die eine „Mobilie" wie einen Messestand „verleasen". Ein Messestand besteht aus einer Vielzahl nicht zu unterscheidender Einzelteile, die eine eindeutige Definition (Maschinen-Nr. o.ä.) des Leasinggutes nahezu ausschließen. Darüber hinaus ist die Weiterverwertbarkeit nach Ablauf der Leasingdauer ein kalkulatorisches Problem. Sollen die Leasingraten günstig sein, so muß der Stand jederzeit „fungibel", d.h. verwertbar und damit nutzbar für irgendeinen anderen Aussteller, sein. Diese Bedingungen beeinflussen die Möglichkeit des Leasens nicht unerheblich.

Hier hilft es, wenn der Messebaubetrieb/Systemhersteller dem Leasinggeber eine Rückkaufgarantie in Höhe des Restwertes gibt.

Finanzierungs- und Leasing-Arten und deren Vorteile
Die Grundmietzeit beträgt 40–90% der betriebsüblichen Abschreibungsdauer laut amtlicher Afa-Tabelle.

Der Leasingnehmer – d.h. der Aussteller – hat folgende Wahlmöglichkeiten für die Vertragsgestaltung eines Leasingvertrages, die sich vor allem in der Behandlung des Leasinggutes (= Messestandes) am Ende der Vertragslaufzeit unterscheiden:

a. Vollamortisations-Vertrag
Bei diesem Vertragstyp werden während der Grundmietzeit die Kosten voll abgedeckt.
Am Ende der Grundlaufzeit haben Sie dann folgende Wahlmöglichkeiten:
1. Der Leasingnehmer kann das Leasingobjekt käuflich erwerben, und zwar zum linearen Restbuchwert (Verkehrswert) zum Zeitpunkt der Veräußerung.
2. Der Leasingnehmer kann einen Anschlußleasingvertrag abschließen, dessen Leasingrate ebenfalls auf dem dann verbleibenden linearen Restbuchwert oder dem niedrigeren Verkehrswert basiert.

Bei Abschluß eines neuen Leasingvertrages über ein gleichwertiges oder größeres Objekt, wird dem Leasingnehmer ein Treuerabatt eingeräumt. Dabei wird der volle Erlös des bisherigen Leasing-Gegenstandes über die Laufzeit des neuen Leasingvertrages mit den monatlichen Leasingraten verrechnet.

b. Teilamortisations-Vertrag

Bei diesem Vertragstyp wird während der Grundmietzeit der dem Mietpreis zugrunde gelegte Objektwert nicht voll abgedeckt. Der Leasingnehmer kann auf Basis des kalkulierten Restwertes
1. das Leasing-Objekt käuflich erwerben oder
2. einen Anschluß-Mietvertrag abschließen.

Selbstverständlich können auch sonstige Dritte das Leasing-Objekt auf der Basis des kalkulierten Restwertes käuflich erwerben oder über einen Leasingvertrag mieten.

Vorteile für das Leasing eines Messestandes:
• 100%ige Fremdfinanzierung, keine Anzahlung
• keine Sicherheiten (mit Einschränkungen)
• neutrale, bankenunabhängige Finanzierung
• feste, kalkulierbare Kosten für die Dauer der geplanten Nutzung
• durch Barzahlung Preisnachlässe verhandelbar
• Kosten sind voll abschreibungsfähige Betriebskosten
• Begrenzung der Vermögenssteuer und Gewerbesteuer

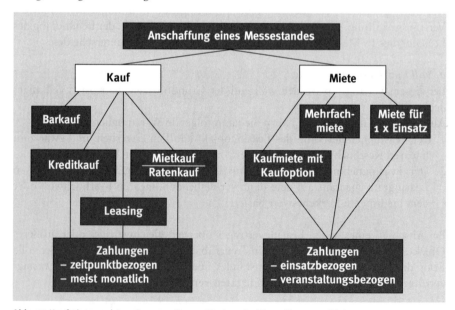

Abb. 10 Kaufmiete und Leasing von Messeständen als Alternativen zur Miete

G

Gestaltung

Die Gestaltung eines Messestandes muß unbedingt in den Kontext verschiedener Umfeldfaktoren und Prämissen gesetzt werden. Zu berücksichtigende Faktoren sind:

- das Corporate Design des ausstellenden Unternehmens
- das Messe-Konzept, insbesondere Ziele und Budget
- das Umfeld in der Messehalle
- die Lichtgegebenheiten der Halle

G

Standdesign

Wer bei Standdesign nur an aufwendige Gestaltungslösungen denkt, die das Budget verschlingen und mit großen, bunten Pappen präsentiert werden, aber nicht dem anstrengenden Messebetrieb gerecht werden, der hat sich bisher mit den falschen Beratern umgeben.

Messestanddesign beschäftigt sich zunehmend mit den vom Messestand zu erfüllenden Funktionen:

- Kommunikation
- Information
- Präsentation
- Gastfreundschaft
- Aufmerksamkeit

In diesem Sinn folgen die meisten Standdesigner derzeit dem Bauhaus-Credo „Form follows function".

Die Funktionen des Standes werden durch das von Ihnen formulierte Konzept vorgegeben und definiert. Die Form, die Gestaltung des Standes folgt diesen Leitlinien mit dem Ziel, mit einer ansprechenden Form die gewünschten Funktionen optimal zu ermöglichen.

Allerdings soll nicht der Eindruck erweckt werden, als ob heute attraktive und augenfällige Gestaltung hinter rein funktionalen, ökonomischen und ökologischen

Aspekten zurückstehen sollte. Erkenntnisse aus kürzlichen Besucherbefragungen zeigen, daß ein relativ hoher Prozentsatz von Besuchern die Ausstellungen und Messen ohne festen Besuchsplan abgehen.

Hier gilt es, in der Sekunde des Vorbeigehens genügend Aufmerksamkeit zu erzielen. Vor allem visuelle Signale und Botschaften müssen diese Aufgabe erfüllen. Prägnanter Text, gezielter Einsatz von Farbe und vor allem Licht erfordern großes Können und viel Kreativität. Denn ein Messestand eines Ausstellers steht in der Regel nicht allein in der Messehalle, und die optischen und akustischen Reize, denen der Besucher ausgesetzt ist bei seinem Gang durch die Hallen, wirken abstumpfend. Die sich daraus ergebende Forderung nach einem ständig steigenden „sensation level" steht allerdings in einem möglichen Gegensatz zu dem Trend nach „neuer Einfachheit".

Ebenfalls berücksichtigt werden muß auch, daß viele Fachbesucher nur noch einen Tag zur Messe kommen – aus Kostenspargründen –, wodurch die theoretisch pro Halle und pro Stand zur Verfügung stehende Zeit gesunken ist.
Auch hierauf muß ein gutes Standdesign sich heute architektonisch, grafisch und funktional einstellen.

Wie muß der Standdesigner gebrieft werden?
Gutes Standdesign ist das Ergebnis von guter Teamarbeit. Der Standgestalter benötigt umfassende Informationen über Ihr gesamtes Corporate Design – Schriften, Farben, Stile – , über Ihre Marketing- und Werbeaktivitäten, regionale, nationale, internationale Auftritte, geplante Aktivitäten zur Messe und auf dem Stand.
Diese Informationen sind am besten in umfassenden Briefinggesprächen zu übermitteln, an denen alle beteiligten und betroffenen Unternehmensbereiche, auch andere Agenturen und Berater Ihres Hauses, teilnehmen. Die hier investierte Zeit amortisiert sich schnell durch reibungslosere Abstimmungen im Verlauf des Produktionsprozesses und durch einen erfolgreicheren – d.h. reicher an positiven Folgen – Messeauftritt.

✅ Leitfaden für das Briefing eines Messepartners

☐ Messe, Termine, Veranstaltungsort

☐ Messeziele
  • Kommunikationsziele
  • Verkaufsziele
  • Marketingziele

☐ Corporate Design

☐ Zielgruppen

☐ Etat

☐ Art und Größe des Stands

☐ Spezielle Messeauflagen/Messeplan

☐ Raumbedarf für Besprechung, Bewirtung, Lagerung etc.
  • Kabinen   • Küche
  • Infotheken   • Bar
  • Garderobe   • Lager
  • Sitzgruppen   • Sonstiges

☐ Exponate/Ausstellungsobjekte

  • Art, Anzahl, Größe, Gewicht (Prospekte/Fotos mitgeben)

  • Art der Präsentation,
    z.B. Podeste, Vitrinen, Borde, Prospektablagen etc.

☐ Aktionen am Stand
  • Anzahl zu erwartender Besucher
  • Erwartungen der Besucher

☐ Standpersonal (Anzahl)

G

Mit einer solchen Checkliste kann ein Briefinggespräch zu guten Ergebnissen führen.

Versuchen Sie, bei allen Überlegungen und Gesprächen Ihren potentiellen Standbesucher im Blick zu haben. Sie kennen doch Ihre Kunden und solche, die es werden sollen. Erzählen Sie dem Standgestalter soviel wie möglich über diese Person X! Erstellen Sie Besucherprofile mit klar beschriebenen Erwartungen, mit denen der Besucher voraussichtlich auf Ihren Stand kommen wird. Denken Sie daran: „Der Köder muß dem Fisch schmecken, nicht dem Angler"!

Das Besucherprofil sollte auch Überlegungen enthalten zur emotionalen Struktur und Grunddisposition Ihrer Zielpersonen. Wenn Sie mit Ihrem Stand, der Gestaltung und der Standmannschaft positive Stimmungen auslösen, sind Sie schon fast am Ziel Ihrer Bemühungen.

Beachten Sie, daß Formen, Farben, Licht und Geräusche – eventuell auch Gerüche – die dem Gestalter zur Verfügung stehenden Mittel sind, Gefühle zu erzeugen. Seien Sie risikobereit und folgen Sie durchaus dem Rat der von Ihnen eingeschalteten Fachleute. Aber: Treffen Sie selbst ruhig auch mutige „Bauchentscheidungen", wenn es um diese emotionalen Faktoren geht.

Die **Art des Standes** hat einen entscheidenden Einfluß auf die mögliche Gestaltung:

• **Reihenstand:**
Die Standfläche ist auf einer Seite zum Gang hin geöffnet. An dieser Seite kann ein vorbeigehender Besucher durch die Standgestaltung und durch das Standpersonal so angesprochen werden, daß es zu aktiver Kommunikation kommen kann. Dieser Stand muß also aus Besuchersicht in seiner Gestaltung von der Gangseite her geplant werden.

• **Eckstand:**
Dieser Stand hat zwei zu den Gängen hin offene Seiten und hat daher eine potentiell höhere Besucherkontaktmöglichkeit. Der Gestalter muß sich mit den möglichen Besucherströmen auseinandersetzen und die Standgestaltung, Standeingänge, -durchgänge, Lichtführung, Displays, Attraktionen, Grafik und Texte so einsetzen und plazieren, daß dadurch die größtmögliche Anzahl von Kunden und Interessenten auf Ihren Stand aufmerksam wird und auf den Stand kommt.

• **Kopfstand:**
Der Kopfstand hat drei zu Gängen hin offene Seiten und bietet noch mehr Kontaktmöglichkeiten und noch mehr Gestaltungsfreiheit – mit der aber auch richtig umgegangen sein will! Wenn Sie nicht genug Personal haben, um alle drei Seiten ausreichend „bespielen" zu können, dann sollten Sie lieber eine Seite zubauen – oder gleich nur einen kostengünstigeren Eckstand buchen –, als einen negativen Eindruck bei möglicherweise unbefriedigten Besuchern zu hinterlassen.

• **Blockstand:**
Ein Block- oder Inselstand mit vier offenen Seiten bietet die größten gestalterischen Freiheitsgrade, weil es auch keine Standnachbarn gibt, deren Gestaltung oder Bauweise Einfluß auf die Wirkung Ihres Standes nehmen könnte. Allenfalls die jeweils gegenüberliegenden Stände haben natürlich noch Einfluß auf den eigenen Stand.

G

Ebenso müssen Sie sich mit dem Gestalter über die grundsätzliche **Bauform** einigen:
• **Offener Stand:**
Dieser ist gut von außen einsehbar, wirkt einladend und freundlich, macht einen eher modernen Eindruck, weil nichts versteckt wird. Für den vorbeigehenden Besucher ist sofort erkennbar, was ausgestellt wird.

• **Teilweise offener Stand:**
Er bietet mehr Möglichkeiten, dem Stand eine inszenierte Dramaturgie zu geben, in dem Sinne, daß Informationsbreite und -tiefe gesteuert werden können für unterschiedlich interessierte Besuchergruppen.

• **Geschlossener Stand:**
Er findet auf bestimmten Fachmessen seinen Einsatz, wenn nur gezielt eingeladene Messebesucher auf dem Stand informiert werden sollen und die Inhalte und Botschaften nicht für das breite Publikum gedacht sind. Gelegentlich wird die geschlossene Standgestaltung auch als dramaturgisches Mittel eingesetzt, die Spannung zu erhöhen, um dadurch mehr Besucherinteresse zu erzeugen.

Bei den Planungen zur grafischen Gestaltung des Standes können Sie sich von den Überlegungen im Kapitel „Displays" leiten lassen.
Der Frage nach der Präsentation des Firmenlogos (Funktion: Signal für die Identität des Messestandes) nach Art und Größe sollten Sie besondere Aufmerksamkeit widmen.

Entscheidende Bedeutung bei der Standgestaltung haben die „Technischen Richtlinien" des Veranstalters, die Sie unbedingt einhalten müssen, wenn Sie nicht vor Messeeröffnung eine unangenehme Überraschung erleben wollen, indem Ihnen z.b. der Betrieb Ihres Standes untersagt wird *(siehe hierzu Kapitel „Technische Richtlinien")*.

Die Gestaltung bestimmt weitgehend auch die Bauweise des Standes.
Eine einfache Standgestaltung ohne besondere individuelle Gestaltungsmerkmale läßt sich hervorragend ökonomisch und ökologisch in **Systembauweise** umsetzen.

Nun sind allerdings die Messebau-Systeme in den vergangenen Jahren so geschickt weiterentwickelt worden, daß auch anspruchsvoll gestaltete, größere Stände vielfach mit Systemteilen konstruiert werden. Häufig werden individuell gestaltete und konventionell gebaute Bauteile in den entscheidenden, sichtbaren Bereichen eines Standes eingesetzt und verkleiden oder verdecken die mit System gebauten Bereiche. Man spricht dann von **Mischbauweise.**

Größere Unternehmen mit häufigeren Messeeinsätzen lassen sich auch ihren eigenen Stand individuell entwerfen und individuell bauen, aber so konstruiert, daß der Stand immer wieder auf- und abgebaut werden kann: Da solche Stände aus einzelnen Baumodulen konstruiert werden, spricht man hier von der **Modulbauweise.**

Wird ein Messestand für einen bestimmten Einsatzzweck nur einmal genutzt und handelt es sich um eine aufwendige, individuelle Gestaltung, so wird dieser Messestand in aller Regel **in konventioneller Bauweise** erstellt. Die Wiederverwendbarkeit der meisten eingesetzten Bauteile und Materialien wird nach dem Abbau schwierig oder unmöglich sein, ist aber auch nicht gewollt.

H

Hausmessen und andere Beteiligungsformen

Jenseits der Messe gibt es ähnliche Präsentationsformen, die Ihre Verkaufsziele ebenfalls enorm fördern können. Es lohnt sich, diese Formen miteinander zu vergleichen und sie neben, möglicherweise auch statt des Messeauftritts zu wählen. Maßstab für die Beurteilung muß die Situation Ihres Unternehmens, die Ihrer Kunden sowie Ihre Unternehmens-Zielsetzung sein.

Schauen wir uns zunächst einmal an, welche Beteiligungsformen es neben dem Messeauftritt gibt:
• Kongreß
• Hausmesse
• Tag der offenen Tür
• Ausstellung
• Fortbildungsveranstaltung
• Symposium
• Kundenworkshop
• Round Table
• sonstige Veranstaltungen
• Roadshow

Alle diese Veranstaltungen dienen einem Zweck: Der Präsentation Ihrer Unternehmensleistung bei Ihren Kunden bzw. bei möglichen Interessenten. Alle Veranstaltungen haben unterschiedliche Vor- und Nachteile. Ein direkter Vergleich ist nahezu unmöglich. Daher einige Überlegungen zu den einzelnen Formen.

1. Kongreß
Kongresse werden von Verbänden oder auch von professionellen Kongreßveranstaltern durchgeführt. Geboten werden diverse Vorträge von Rednern aus unterschiedlichen Unternehmen, Behörden etc., die jeweils zu spezifischen Praxis- oder Fachfragen Stellung nehmen. Am Rande dieser Kongresse werden oft, zur Finanzierung, Industrieausstellungen organisiert.

Solche Kongresse sind für Sie ein Vorteil, wenn Sie ein spezifisch zum Kongreßthema passendes Produkt oder eine entsprechende Leistung anbieten. Dann finden Sie eine Reihe von interessierten potentiellen Kunden, die, wenn nicht Entscheider, so doch als Nutzer Entscheidungshelfer sind. In aller Regel sind die Teilnehmer des Kongresses auch namentlich vorher bekannt. Sie können also schon im Vorwege auf sich aufmerksam machen, um auf dem Kongreß noch zielgerichteter zu verhandeln.

Allerdings werden auch nur die Kongreßteilnehmer Ihren Stand sehen. Sie müssen also genau prüfen, wer kommt. Sie können dann problemlos die Kontaktkosten ermitteln und sie dem zu erwartenden Nutzen gegenüberstellen.

Für die Standcrew sind Kongresse teilweise frustrierend, da die Teilnehmer nur zu Pausen durch die Ausstellung laufen. In diesen Pausen steht aber oft noch die Verpflegung im Vordergrund. Darauf muß die Crew vorbereitet sein.

2. Hausmesse
Viele Unternehmen stellen im eigenen Haus aus. Dazu werden vornehmlich die vorhandenen Kunden eingeladen, Sie können aber auch versuchen, potentielle Kunden aus der bestehenden Zielgruppe anzusprechen.

Die Vorteile liegen auf der Hand: Sie müssen nicht befürchten, daß ein Wettbewerber attraktivere Präsentationen abhält; Sie können sich ganz Ihrem Kunden widmen, können ihm Ihr Unternehmen zeigen und die Mitarbeiter, die der Kunde sonst nur telefonisch oder brieflich kennenlernt.

Andererseits müssen Sie sich eine Menge einfallen lassen, um die Kunden herbeizulocken. Viele Kunden werden sich sagen: Wenn Ihr etwas von mir wollt, zeigt es mir in meinem Hause.

In vielen Bereichen werden daher statt Hausmessen Incentive-Veranstaltungen geplant. Gerade Handelskunden werden oft zu Reisen in alle Himmelsrichtungen eingeladen. Auch hier gibt es in der Zwischenzeit einen Wettbewerb der Firmen untereinander.

⊗ Ein Beispiel

Einem großen deutschen Computer-Hersteller passierte es, daß an einem 4-Tage-Incentive-Flug zur Weltausstellung nach Lissabon nur Abteilungsleiter kleinerer Händler teilnahmen. Auf Nachfragen gaben die nichtteilnehmenden Händler an, sie hätten dieses Jahr schon drei attraktive Reisen gemacht, mehr ginge nicht.

3. Tag der offenen Tür
Einer Hausmesse ähnlich ist ein Tag der offenen Tür. Hier laden Sie nicht nur Kunden, sondern z.b. auch die Nachbarn ein. Gerade für produzierende Unternehmen ist das eher ein Akt der Öffentlichkeitsarbeit als eine Form der Messe.

Für Händler bieten Tage der offenen Tür aber gute Verkaufsmöglichkeiten. Hier steht die Präsentation der Produkte und Leistungen im Vordergrund, gepaart mit einem direkten Bezugsangebot.

4. Ausstellung
Für Dienstleister ist es oft schwer, Kunden zu motivieren, in das Unternehmen zu kommen. Was soll den Kunden gezeigt werden? Banken oder Finanzdienstleister helfen sich, indem sie z.b. Ausstellungen in den eigenen Räumen veranstalten. Im Rahmen von Ausstellungseröffnungen kann man seine Kunden einladen, es ist aber auch gut möglich andere Gruppen einzuladen.

Der Vorteil ist, daß Sie für die Einladung keinen großen Vorwand brauchen. Das Engagement für Kunst wird hoch angesehen, eine gute Ausstellung stärkt so das Image des eigenen Hauses.

Schwieriger ist es, die Werbung für die eigenen Produkte einzubauen. Die Besucher erwarten, Kunst zu sehen und reagieren möglicherweise verärgert, wenn zuviel in eigener Sache über das Unternehmen geredet wird.

5. Fortbildungsveranstaltung
Besonders bei Pharmaunternehmen erfreuen sich die Fortbildungen großer Beliebtheit. Ärzte sind insofern eine schwierige Zielgruppe, als daß sie zwar Medikamente zur Ausübung ihres Berufes brauchen, jedoch gegenüber der Industrie distanziert sind und die Tätigkeit des Verkäufers teilweise als anrüchig empfinden. Bei Fortbildungsveranstaltungen vergeht der Dünkel im Nu. Plötzlich wird registriert, daß alle für die gleiche Sache arbeiten.
Sicher können Sie nur eine begrenzte Anzahl von Kunden zur Fortbildungsveranstaltung bewegen. Dort jedoch können Sie Ihre Leistung gut promoten.

6. Symposium
Ein Symposium ist eine größere Fortbildungsveranstaltung mit mehreren wissenschaftlichen Vorträgen. Einige Unternehmen veranstalten solche Symposien in Zusammenarbeit mit anderen Unternehmen, deren Produkte nicht in direktem Wettbewerb stehen. Wenn Sie es steuern können, daß in diesen wissenschaftlichen

Vorträgen Ihr Unternehmen lobend erwähnt wird, ist es sehr imagefördernd. Symposien wollen gut überlegt sein, weil die Ausrichtung oft kostspielig ist. Da auch die Teilnehmerzahl begrenzt ist, ist es wichtig, daß unter den Gästen Meinungsbildner sind, die die Erkenntnisse weitertragen.

7. Kundenworkshop
Im Business-to-Business-Bereich, besonders unter Produzenten und Händlern, werden häufig Kundenworkshops durchgeführt. Gemeinsam will man Prozesse verbessern, indem alle Seiten ihre Vorstellungen formulieren und dabei neue Wege und Synergien entdecken.

Auch Kundenworkshops eignen sich gut zur Verbesserung der Kundenbeziehungen. Sie können sich sehr gezielt und ausführlich Ihren Kunden widmen und erfahren deren Wünsche. Sie werden allerdings keinen Neukunden aktivieren können.

8. Round Table
Die kleinere Form des Kundenworkshops ist der Round Table. Hier laden Sie – am besten periodisch wiederkehrend – Ihre Kunden zu einem Umtrunk oder Imbiß ein und diskutieren Themen aus dem Tagesgeschäft. Gerade das wiederholende Moment führt zur besonderen Vertiefung der Beziehung.

Bei Round Tables kann es allerdings auch zu ausgiebigen „Beschwerde-Arien" kommen. Wenn die Scheu voreinander abgelegt ist, verbünden sich z.B. Händler gerne gegenüber den Produzenten. Durch eine gute Vorbereitung und vorherige Einzelgespräche ist dieser Gefahr zu begegnen.

9. sonstige Veranstaltungen
Die größte Schwierigkeit bei allen Aktivitäten mit Messecharakter ist, daß Sie eine besondere Attraktion bieten müssen, damit Ihre Kunden extra für Sie ihr Tagesgeschäft beiseite legen. Sie sind gezwungen, stets etwas Besonderes zu bieten. Um dem aus dem Weg zu gehen, richten einige Unternehmen Veranstaltungen aus, deren Charakter eindeutig vom geschäftlichen getrennt ist.

Diese Veranstaltungen können mit einem guten Zweck gekoppelt sein (z.B. Sportveranstaltungen, Zirkus, Theater). Sei es, daß Sie Ihren Kunden bei den German Open eigene Logen reservieren, sei es, daß Sie einen Abend eine Musical-Vorstellung oder ein Festzelt mieten oder ein eigenes Fußballtunier austragen: Immer können Sie auf Ihre Leistung aufmerksam machen, obwohl der Spaß im Vordergrund steht.

Erscheint Ihren Kunden allerdings die Veranstaltung überdimensioniert, kann der Schuß nach hinten losgehen. Dann kommt es zu Bemerkungen wie: *„Da sieht man, was die an uns verdienen."*

10. Roadshow

Eine schöne Möglichkeit ist auch, zu den Kunden zu kommen. Eine Roadshow ist eine Ausstellung, die an verschiedenen Standorten durchgeführt wird. Wenn Sie sehr viele überregionale Kunden haben, wird eine Hausmesse niemals von allen wahrgenommen werden können. Lange Anreisewege werden nur in Ausnahmefällen in Kauf genommen.

Eine Roadshow signalisiert, daß sich ein Unternehmen engagiert. Außerdem bietet eine Roadshow Möglichkeiten, alleine durch ihre Erscheinungsform auf sich aufmerksam zu machen.
Eine Ausstellung auf Sattelschleppern oder im Bahnwaggon z.b. hat einen eigenen Charme.
Statt Hotels oder ähnlicher Veranstaltungsorte können Sie auch ausgefallenere Orte wählen: Botanische Gärten, Zoos, Waldlichtungen, alte Kinos, Freibäder ...
Ihrem Einfallsreichtum sind keine Grenzen gesetzt.

Die genannten Veranstaltungen erfordern alle Kreativität bezüglich des Aufbaus. Die wesentlichen Kriterien, nach denen Sie die Standsysteme (ohne Systeme sind diese Beteiligungsformen oft nicht denkbar), Displays und Präsentationswände auswählen sollten, sind:

- Stabilität
- Auf- und Abbauzeit
- Einfache Handhabung
- Menge der Einzelteile
- Aufbaufläche
- mgl. Wetterfestigkeit
- Beleuchtung
- Einsatzflexibilität
- Transportfähigkeit
- Gewicht

Besondere Anforderungen bestehen teilweise auch bezüglich der Lesbarkeit der Displays. Gerade bei wechselnden Einsatzorten bzw. wiederkehrenden Einsätzen (z.b. Kongressen) kann der Ort der Aufstellung nicht minutiös geplant werden. Hier kommt es darauf an, daß Plakate nicht überfrachtet sind und klare Aussagen beinhalten.

Es kann sich lohnen, Alternativen zur herkömmlichen Messe zu überdenken. Ersetzen können diese Formen eine Messe nie vollständig. Eine Messe können wir mit einem zentralen Wochenmarkt vergleichen: Zwar bieten viele das Gleiche an, aber daher werden auch viele Besucher angezogen. Die Besucher können sicher sein, daß so viele Wettbewerber sich in Preis und Qualität nicht absprechen können und gegeneinander kämpfen.

Will z.b. ein Gemüse- oder Obsthändler außerhalb dieser Konkurrenz verkaufen, muß er sich überlegen, wo die Kunden sein könnten und dort seinen Stand aufbauen! So einfach und so schwer ist das!

Leider nutzen sich viele Alternativ-Formen zur Messe schnell ab. So zogen die ersten Roadshows noch viele Besucher an. Die Nachahmer hatten schon größere Schwierigkeiten, die Kunden neugierig zu machen.

Das ist eine Spirale der Kreativität: Was gestern zog, ist heute langweilig.

Wenn Sie allerdings eine neue Idee haben, die Ihre Kunden neugierig macht, dann kann es sehr lohnend für Sie sein!

I

Infrastruktur

Die Verkehrs- und Arbeitsbedingungen auf dem Messegelände, das Verkehrsnetz sowie alle anderen Infrastrukturangebote der Messe und des Messeortes sind nicht nur für die Messebauteams von entscheidender Bedeutung. Auch für den Aussteller vor und während der Messelaufzeit macht es beispielsweise einen großen Qualitätsunterschied, ob er seinen PKW in der Nähe der Messehalle parken kann, oder weite Wege einplanen muß.

Entscheidend sind Infrastrukturangebote aber natürlich auch für den Besucher, der morgens leicht zur Messe finden will, schnell in zu Fuß erreichbarer Nähe einen Parkplatz erwartet, nicht lange anstehen möchte, um ein Eintrittsticket zu lösen oder den zugeschickten Eintrittsgutschein einzulösen. Er will trockenen Fußes durch die Messehallen kommen, aber dennoch die Möglichkeit haben, zwischendurch einmal frische Luft zu schnappen und sich bei angemessenen Preisen zu stärken und zu erfrischen.

Es empfiehlt sich für Sie als Aussteller, die Messe und den Messeort nach Infrastrukturkriterien zu bewerten. Sie sind dann auf mögliche Problempunkte vorbereitet, können Ihre Kunden bereits im Vorfeld entsprechend informieren oder z.b. verkehrstechnisch beraten. Auch Ihre Mitarbeiter kommen nicht unvorbereitet in eine fremde Stadt, in der sie möglicherweise Schwierigkeiten haben, in der Messehektik ein gutes, günstiges Restaurant für den Abend zu finden.

Welche infrastrukturellen Bereiche sollten Sie bei Ihren konzeptionellen Überlegungen und organisatorischen Planungen berücksichtigen?

An-/Abtransport
• Exponate und Messestandmaterial können über Straße, Luft und Schiene oder kombiniert transportiert werden. Kosten und Termine sind die wesentlichen Kriterien für die Entscheidung über das Transportmittel und den Verkehrsweg. Machen Sie sich rechtzeitig mit den gegebenen Möglichkeiten am Messeort vertraut. Die Umstände können eventuell auch Ihre terminlichen Dispositionen beeinflussen.

- Wenn es sich um ein kleines Messegelände – oder eine temporäre Messe in Zeltbauten – handelt, kann es vorkommen, daß die Anfahrtswege um die Hallen herum nicht so befestigt sind, daß ein LKW mit dem Gabelstapler entladen werden kann. Eine gute Planung sorgt für einen LKW mit Ladebühne, oder es wird alles so verpackt, daß problemlos per Hand entladen werden kann.

Aufbauzeiten
- Die offiziellen Aufbauzeiten werden vom Veranstalter – in Abstimmung mit dem Beirat – vorgegeben. Vorgezogene Aufbauzeiten sind nicht immer möglich und kosten bei vielen Messeplätzen inzwischen zusätzliche Gebühren.

- Das Messekonzept und die geplante Messestandgestaltung müssen die benötigten und die zur Verfügung stehenden Auf- und Abbauzeiten als eventuell miteinander in Konflikt stehende Faktoren berücksichtigen.

- Mittlerweile beginnen Messen häufig am Montag und enden am Freitag oder Samstag. Das bedeutet, daß bei Standbau und -montage Wochenendarbeit anfällt, die die Kosten in die Höhe schraubt. Wer dies vermeiden möchte – unter der Annahme, daß vorher genügend Aufbautage zur Verfügung stehen –, muß den Stand bereits am Freitag vom Standbauteam übernehmen. Das hat zur Folge, daß Ihr Standleiter zwei zusätzliche Übernachtungen benötigt und ein bis zwei Tage unbeschäftigt am Messeort verbringt.

Gastronomieangebot der Messestadt
- Das Gastronomieangebot der Messestadt ist für Sie nicht nur wichtig bezüglich des Unterhaltungswertes für Ihre Standmitarbeiter.
Bei einer Messe ergeben sich oft auch gute Gelegenheiten, Kontakte mit Kunden, Lieferanten und Mitausstellern zu pflegen und zu vertiefen. Ein gemeinsames Abendessen bietet sich hierfür an, da alle abends in einer fremden Stadt Zeit haben und Abwechslung und Erholung suchen. Kümmern Sie sich rechtzeitig um mögliche Angebote und Alternativen. Man kann schon vorab – nicht nur über das Internet – recherchieren.

Gastronomie auf dem Messegelände
- Gastronomische Angebote auf dem Messegelände sind von unterschiedlicher Qualität. Das Preisniveau ist meist hoch, auch weil das ganze Jahr über keine kontinuierliche Auslastung gegeben ist.

- Vor Messebeginn ist es für die Aufbaumitarbeiter häufig schwierig, sich zu einem angemessenen Preis-Leistungs-Mengen-Verhältnis zu versorgen. Informieren Sie Ihre Mitarbeiter vorab über diese mögliche Problematik, damit sie sich rechtzeitig außerhalb des Messegeländes versorgen können.

- Während der Messelaufzeit ist das Problem ähnlich, betrifft aber auch die Besucher. Hier können Sie als Aussteller „punkten", wenn Sie an Ihrem Stand für Ihre Zielgruppen ein interessantes Angebot an Klein-Gastronomie mit Kommunikation und Erholung für den ermüdeten Messebesucher verknüpfen.

Gelände

- Einfahrten in das Gelände werden vor und während der Messen zunehmend restriktiv gehandhabt.
Fahren Sie nur auf das Messegelände, wenn es unbedingt notwendig ist. Weisen Sie auch Ihre Mitarbeiter entsprechend an, denn häufig stehen Sie mehr, als daß Sie fahren können. Die Veranstalter bieten meistens Shuttlebusse vom Parkplatz zu den Hallen auch schon während der Aufbauzeiten an!

- Manche Veranstalter erlauben an den letzten beiden Aufbautagen generell keine Einfahrten für PKW. Ziel dieser Maßnahmen ist es, den totalen Verkehrsinfarkt zu verhindern. Auch die Aussteller sollten für solche Maßnahmen Verständnis aufbringen, denn es geht letztendlich darum, daß die Messestände rechtzeitig und sicher aufgebaut werden können.

Hallen

- Jede Messehalle hat ihre eigenen technischen Möglichkeiten und Bestimmungen. Für die Einhaltung der technischen und organisatorischen Ordnung in einer Halle ist der Hallenmeister verantwortlich. Als Vertreter des Dienstleistungsunternehmens Messeveranstalter ist er auch Ansprechpartner für Probleme vor Ort.

- Wenn Sie große Exponate an Ihren Stand bringen wollen, dann prüfen Sie rechtzeitig die Größe der Hallentore.
Auch jeder Hallenboden hat eine vorgegebene Belastbarkeitsgrenze, die bei großen, schweren Exponaten und Aufbauten notwendigerweise beachtet werden muß.

Hotels

- Hotels haben zu Messezeiten Sonderkonditionen, d.h. besonders hohe Preise. Je später Sie buchen, desto weniger günstige Unterbringungsmöglichkeiten werden zur Auswahl stehen.

- Überlegen Sie, ob die Mitglieder der Standmannschaft in privaten Quartieren untergebracht werden können. Diese Angebote sind recht günstig und oft auch eine freundliche, persönlichere Alternative zum Hotelaufenthalt.

- Hotels etwas außerhalb des Messeortes bieten günstigere Preise. Allerdings muß dann der Transport des Standpersonals genauer geplant werden und wird höhere Kosten verursachen. Die entspannende Atmosphäre eines Hotels auf dem Lande ist sicherlich ein positiver Aspekt, da nach einem anstrengenden Messetag Erholung angebracht ist. Zu bedenken sind aber andererseits auch die möglichen Erwartungen bezüglich des abendlichen Programms für das Standpersonal.

Messeort

- Üblicherweise erhalten Sie vom Veranstalter Anfahrtsbeschreibungen und Verkehrsmittelhinweise für den Messeort und das Messegelände. Diese beinhalten nicht nur entscheidende Hinweise für Ihre eigenen Mitarbeiter, sondern Auszüge hieraus sind oft auch hilfreich für Ihre potentiellen Standbesucher: Fügen Sie solche Hinweise Ihrer Messeeinladung bei.

- Mit den Technischen Richtlinien erhalten Sie vom Veranstalter auch die Anfahrts- und Einfahrtsbestimmungen auf das Messegelände während der Auf- und Abbauphase, die unbedingt auch der Standbaupartner erhalten muß!

Nebenkosten

- Messeorte und Veranstalter unterscheiden sich nicht nur in den Regularien bezüglich eines vorgezogenen Aufbaus. Fast alle Nebenkosten werden individuell geregelt, und es ist sinnvoll, sich diese Regularien im Zusammenhang mit der Kostenplanung genau anzuschauen.

- Besonders Strom-, Wasser- und Gasverbrauch, Telekommunikation sowie deren Anschlußkosten werden auf verschiedenen Messeplätzen – insbesondere im internationalen Kontext – sehr unterschiedlich behandelt.

- Jedes Messegelände hat Dienstleisterverträge mit Spediteuren, in denen die Abwicklung und die Kosten für deren Leistungen geregelt sind. Transporte auf dem Gelände, Leergutlagerung, Gabelstaplerleistungen, u.a. sind unbedingt zu kalkulierende Kostenpositionen. Auch in diesem Punkt sind Besonderheiten auf ausländischen Messeplätzen – vor allem in den USA! – zu beachten.

Parkplätze

- Während der Auf- und Abbauphasen gibt es häufig festgelegte Parkplätze für die Lieferfahrzeuge mit vorbestimmten Routen für die Einfahrt in das Messegelände. Parken auf dem Gelände neben den Hallen ist regelmäßig nicht mehr gestattet wegen der Verkehrsdichte auf den Messegeländen.

- Für Ihre PKWs müssen Sie rechtzeitig Parkplätze beim Veranstalter bestellen, wenn Sie einigermaßen kurze Wege vom Parkplatz zu Ihrem Messestand anstreben.

Personal

- Wie ist die Arbeitsmarktsituation am Messeort?

Für manche Aufgaben im Standbetrieb bietet es sich an, Personal vor Ort zu suchen. Empfangspersonal, Hostessen, Bewirtungspersonal, Wachdienste oder Fahrservice sollten sinnvollerweise am Messeort rekrutiert werden.

Die jeweils ortsansässigen Arbeitsämter sind auf diese Aufgabenstellungen vorbereitet und sollten von Ihnen diesbezüglich eingeschaltet werden.

J

Jahrmarkt

„Ite, missa est" mit diesem Friedensgruß entließen die Geistlichen im Mittelalter die Gläubigen. Aus diesem Spruch ist auch der Begriff Messe hergeleitet. Die großen Messen im Mittelalter, zu denen die Gläubigen aus weitem Umkreis gepilgert kamen, waren immer mit einem großen Jahrmarkt verbunden. Dieser Jahrmarkt diente einerseits der Unterhaltung, andererseits dem Handel. Den begrifflichen Bogen schließt das noch immer in einigen Gebieten gebräuchliche Wort Kirmes (für Kirch-Messe).

Die Warenwirtschaft war damals noch schlecht organisiert, Produzenten und Kunden mußten weite Wege zurücklegen. Wege, die unsicher waren. Die großen Kirchfeste wurden unter der Schirmherrschaft von Kirche und Kaiser veranstaltet, sie boten – zumindest am Orte des Handels – Schutz. Wenn eine Stadt das Messeprivileg besaß, bedeutete es für den Händler, daß er sein Recht am königlichen Gericht einklagen konnte. Diese Jahrmärkte dienten auch der Nachrichtenweitergabe: Händler, die weit reisten, brachten Nachrichten aus aller Welt.

An den Kaufleuten versuchten sich allerdings auch viele zu bereichern. Kleinere Fürsten erhoben Wegzölle, die teilweise nur während der Meßtage eingetrieben wurden. Auch mußten die Kaufleute auf der Hut vor Raubrittern sein, die ebenfalls durch die Jahrmärkte angezogen wurden. Götz von Berlichingen beispielsweise saß in Jagsthausen an dem Verbindungsweg zwischen Nürnberg und Frankfurt.

Die Messen waren Meilensteine auf den Handelswegen, hier wurden besonders auch Gewürze gehandelt. Gewürze, die aus dem Orient gebracht und immer teurer wurden, je mehr Umschlagplätze nötig waren. Neuere Theorien sehen die mittelalterlichen Kreuzzüge als Versuch, die Gewürzhandelsstraßen zu erobern und das „Gold", das Kolumbus in Indien suchte, waren in Wahrheit Gewürze, die teurer waren als Gold.

Vieles, was wir heute von Messen kennen, war schon auf den frühen Jahrmärkten vorhanden: Events wie Theaterspiele, Gaukler, Zauberer gehörten immer dazu. Eine

Nachrichtenbörse ebenfalls. Die Rückbesinnung auf den Jahrmarkt könnte uns auch heute neue Ideen geben. Als hätte man vor Jahren mutwillig Sachebene und emotionale Ebene getrennt, stehen heute die ernsthafte Messe und der fröhliche Jahrmarkt sich gegenüber. Geisterbahnen, Karusselle, Sensationen ... es wäre schön, wenn die Fröhlichkeit des Jahrmarktes auch wieder auf die Messen kommen würde.

K

Konzept

Dieser Abschnitt zeigt, wie Sie ein effizientes Beteiligungskonzept an einer Messe erstellen können.

Stellen Sie sich vor, Sie bekommen aus heiterem Himmel den Auftrag, den nächsten Messeauftritt Ihres Unternehmens zu planen und vorzubereiten. Nehmen wir weiter an, daß Sie dafür einige Monate Vorlaufzeit haben, denn „gut Ding will Weile haben".

Der Faktor Zeit verhindert nämlich viele schlüssige Konzepte, vor allem in klein- und mittelständischen Unternehmen. Dort werden die gewöhnlich ohnehin schon kleinen Marketing-Abteilungen auch mit der Messedurchführung betraut. Deren Schreibtische sind aber mit kurzfristigen Dringlichkeiten übervoll, so daß die Messevorbereitung auf die letzte Sekunde verschoben wird. Da allerdings oft auch die Kapazitäten für eine gute Nachbereitung und Ergebniskontrolle fehlen, fällt dann nicht einmal auf, daß der Messeauftritt wenig zählbare Erfolge bewirkt hat. Doch zurück zu einem angemessenen Ausstellerkonzept.

Schritt 1: Basisdaten aufbereiten

Tragen Sie zuerst einige Daten zusammen, die den Rahmen für Ihre Planungsarbeit darstellen. Sie bewegen sich in dem Dreieck „eigenes Unternehmen – ins Auge gefaßte Messe – Kunde". Deshalb müssen Sie

a) sich der Ziele und Strategien Ihres Marketings bewußt sein,

b) die Ausrichtung und Philosophie der Messe, an der Sie sich beteiligen wollen, kennen und

c) wissen, was die Kunden aktuell erwarten.

a) Informationen aus der Marketing-Planung

Die Messebeteiligung ist ein Bestandteil der Marketing-Konzeption. Sie dient neben anderen Marketinginstrumenten dazu, potentielle Nachfrager vom Nutzen der eigenen Leistung (Produkt oder Dienstleistung) zu überzeugen. In dieser Hinsicht müssen die Messeverantwortlichen die Überlegungen und Erkenntnisse der Marketing-Arbeit kennen.

Daher seien hier zunächst kurz die Aufgaben einer Marketing-Abteilung dargestellt. Dabei gehen wir von einer vorbildlichen Marketing-Arbeit aus, bei der die Marketing-Abteilung die Kundenwünsche ermittelt, um den Einkauf, die F & E und die Produktion von den Wünschen der Kunden zu überzeugen. Leider ist in der Praxis häufiger der umgekehrte Fall anzutreffen, nämlich daß das Marketing die Ideen von Vorstand oder Geschäftsführung in den Markt drücken soll.

Erkunden Sie als erstes die Lage auf dem Markt: Analysieren Sie dazu die Verbraucher (bzw. potentiellen Verbraucher), die Wettbewerber, aber auch das eigene Unternehmen. Die wichtigen Fragen an den Markt sind:

- Wer ist Kunde?
- Was will der Kunde?
- Was sind unsere Stärken?
- Worin sieht der Kunde unsere Stärken?
- Welche Unternehmen sind unsere Wettbewerber?
- Welche Stärken haben die Wettbewerber?
- Worin sehen die Kunden die Stärken des Wettbewerbers?
- Worin unterscheiden uns die Kunden vom Wettbewerber?

Im unten dargestellten schematischen Ablauf der Marketing-Arbeit fehlt die interne Überzeugung. In aller Regel ist es oft weitaus schwieriger, die eigenen Leute zu überzeugen als die Kunden. Für die Messebeauftragten ist es sehr hilfreich, wenn die Marketing-Abteilung mit allen Teilen des Unternehmens gut kommuniziert.

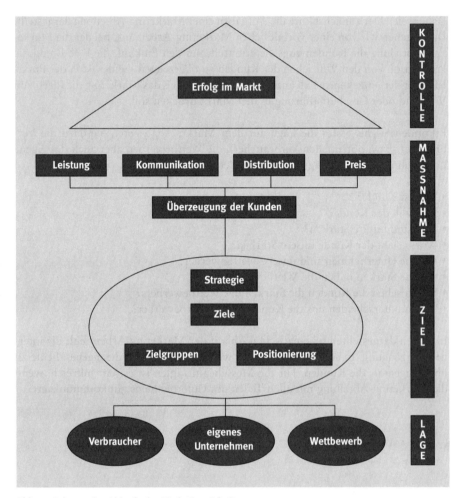

Abb. 11 Schema des Ablaufs der Marketing-Arbeit

Ermitteln Sie aus den Daten der Lageanalyse zunächst die für Ihr Unternehmen relevante(n) Zielgruppe(n). Eine Zielgruppe sollte ein interessantes Nachfragepotential sowie einigermaßen ähnliche Einstellungen und Anforderungen an eine Leistung haben, so daß sie einheitlich angesprochen werden kann, und das Urteil dieser Gruppe über Ihr Unternehmen sollte positiv sein. Diese Zielgruppe bildet auch den Adressatenkreis für Ihre Messe. Sie sollten sich so präsentieren, wie diese Zielgruppe es von Ihnen erwartet.

Aus der Beurteilung Ihres Unternehmens durch Ihre Kunden und dem Vergleich mit dem Wettbewerb erarbeiten Sie eine Positionierung, d.h. Sie erarbeiten ein charakteristisches Profil Ihres Unternehmens aus der Sicht des Kunden. Auch diese Position muß in Ihrer Messeplanung berücksichtigt und verstärkt werden.

Auf Basis Ihrer Zielgruppe und Ihrer Positionierung legen Sie quantitative und qualitative Ziele fest. Der Erreichung dieser Ziele muß sich Ihr Messeauftritt verpflichten. Sie sollten nach einer Messebeteiligung nachweisen können, wie weit Sie das Unternehmen näher an das Ziel gebracht haben.

Einen wesentlichen Einfluß auf den Charakter Ihrer Darstellung bei der Messe und Ihre Standgestaltung hat die vom Unternehmen gewählte Marketing-Strategie, d.h. die grobe Ausrichtung Ihres Unternehmens in der Auseinandersetzung mit dem Wettbewerb. Es gibt zur Erreichung der Unternehmenszielsetzung im wesentlichen vier Strategien:

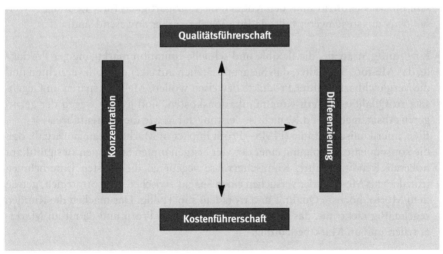

Abb. 12 Die unterschiedlichen Marketing-Strategien als Grundlage des Messeauftritts

- Bei der **Kostenführerschaft** geht es darum, niedrigere Kosten als der Wettbewerb zu haben, um somit dem Kunden Preisvorteile weiterzugeben. Es versteht sich, daß Sie eine solche strategische Ausrichtung für Ihre Kunden erkennbar umsetzen müssen. Ihr Stand wird auf Prunk verzichten, Ihre Thesen sind klar und sachlich, Ihr Thema ist der Preis.

- Der **Qualitätsführer** hingegen spricht stark die Emotionen der Kunden an. Als „Mercedes" der Branche sind Sie gezwungen, den gefühlten Zusatznutzen zu verdeutlichen. Je nachdem, ob dieser Zusatznutzen in der Sicherheit für den Kunden, der Attraktivität für das soziale Umfeld oder der psychologischen Aufwertung des Kunden liegt, wird das für Ihren Messeauftritt Konsequenzen haben.

- Die Strategie der **Konzentration** bezieht sich entweder auf bestimmte Leistungen, z.b. daß der Kunde Sie als „den Spezialisten für ..." kennt, oder sie bezieht sich auf die Beziehungsqualität zu einer begrenzten Gruppe von Kunden. Die Rolle als Spezialist gibt das Thema für Ihren Messeauftritt vor, die Konzentration auf bestimmte Abnehmer bedeutet, daß Sie sich in erster Linie auf die Betreuung Ihrer Standgäste konzentrieren.

- Die Strategie der **Differenzierung** bedeutet, daß Sie daran arbeiten, daß Ihre Kunden Ihre Produkte für unvergleichlich halten und somit nicht am Wettbewerb messen. Ihr Messeauftritt muß den Kunden die Einzigartigkeit Ihrer Leistung beweisen, was um so schwerer fällt, da Ihre Wettbewerber anwesend sind.

- Eine fünfte Strategie, die flexible und schnelle Imitation marktgängiger Produkte, das **Me-too**, beinhaltet, daß Sie grundsätzlich auf eigenes Profil verzichten und die Vergleichbarkeit Ihrer Produkte beweisen wollen. Me-toos sparen im Gegensatz zu Qualitätsführern Kommunikationskosten, sind jedoch wegen der geringeren Absatzmengen i.d.R. nicht so leistungsfähig wie die Kostenführer.
  Eine amerikanische Studie (PIMS – Profil Impact of Market Strategie) ergab, daß die konsequente Verfolgung einer der vier erstgenannten Strategien zu signifikant höheren Renditen führt. Komischerweise vegetieren die meisten Unternehmen trotzdem als **Me-too** oder versuchen einen Spagat zwischen zwei Strategien, getreu dem Motto: höchste Qualität und trotzdem superbillig. Das machen die Kunden regelmäßig nicht mit, das Unternehmen verliert an Profil und damit an Marktanteilen und an Marktbedeutung.

Für Me-toos ist die Messe ein hervorragendes Instrument, Kunden von der Gleichartigkeit der eigenen Leistung im Verhältnis zu den Marktführern zu überzeugen.

Auf der Basis der Ziele und der gewählten Strategie werden die Marketing-Werkzeuge (Marketing-Mix) ausgewählt:

- Optimale Gestaltung der Leistung
- Kundengerechte Organisation der Leistungsübergabe

• Vielfältige Kommunikation mit den Kunden
• Angemessene Gestaltung von Preis und Zahlungsmodalität

Die Messebeteiligung wird in der Regel als Instrument im Kommunikationsmix dargestellt. Das ist sicherlich nicht verkehrt, verhindert aber die Sicht auf viele weitere Möglichkeiten, die eine Messe bietet und die Sie als Messeverantwortlicher im Auge behalten sollten:

• Ermittlung von Kundenwünschen
• Wettbewerbsbeobachtung
• Befragung anderer Zielgruppen
• Tragfähigkeit der eigenen Strategie
• Messe als Ort der Leistungsübergabe
• Messe als Preisindikator
  (direkte Begegnung von Angebot und Nachfrage)
• Messe als Kontrollinstrument der Wirksamkeit aller Marktanstrengungen

b) Informationen über die Messe
Wenn Sie die relevanten Marketing-Basisdaten gesammelt haben, sollten Sie die Daten der Messe ermitteln. Die wesentlichen Punkte hierfür sind:

• Termin der Messe (gleichzeitige Angebote)
• Konzept und Idee der Messe
• Ort und Umfeld (z.B. auch Übernachtungsmöglichkeiten)
• Menge und Struktur der Besucher
• Messehalle und Umgebung
• Branchen
• Aussteller (wer und wie viele)
• Infrastruktur auf der Messe
• Zusatzprogramm
• Erreichbarkeit und Verkehrsanbindung
• Arbeit des Messemanagements

Ermitteln Sie, wie erfolgreich die Messe bisher war. Waren Sie schon früher auf der Messe, haben Sie Erkenntnisse aus eigener Erfahrung. Ist es Ihre erste Beteiligung? Lassen Sie sich Veröffentlichungen zuschicken, fragen Sie andere Aussteller und wenn möglich Kunden.
Zunächst einmal ist es wichtig zu erfahren, wie die Messegesellschaft selbst für diese Messe wirbt. Über einige große Messen wie die CeBIT oder die Frankfurter Buch-

messe werden Sie genügend Material bekommen, bei regionalen Messen und bei Fachmessen ist es wichtig zu wissen, wieviel die Messegesellschaft selbst unternimmt, um Besucher zu akquirieren. Einige Messen vertrauen leider darauf, daß die Aussteller das übernehmen.

Sprechen Sie frühzeitig auch mit dem Messemanagement über mögliche Standplätze und was es tut, um die Besucher dorthin zu bewegen. Gerade neuen Firmen gegenüber sind einige Veranstalter sehr restriktiv bei der Platzwahl. Je nachdem, an welcher Stelle Ihr Platz liegt, werden Sie unterschiedliche Konzepte brauchen:

• Liegt Ihr Messestand im Eingangsbereich, bei Kaffeeständen oder Vortragsbühnen, wird es wegen der Lautstärke und der Unruhen möglicherweise schwer, konzentrierte und detaillierte Verhandlungen zu führen. Andererseits haben Sie dort viel Laufkundschaft und können viele Kontakte knüpfen.

• Haben Sie einen Platz am Rande des Geschehens, werden Sie sich möglicherweise etwas einfallen lassen müssen, um die Besucher dorthin zu locken.

Bevor Sie nicht den genauen Ort Ihres Standes kennen, können Sie kein Konzept erarbeiten. Interessant ist auch, welche Plätze in der direkten Umgebung vergeben sind. Es ist sinnvoll, sich mit diesen Ausstellern kurzzuschließen, um deren Standvorstellungen zu erfahren. Wenn Ihr Nachbar große und laute Events plant, einen hohen Standbau oder Maschinenpräsentationen, werden Sie sich auf der Messe ärgern, wenn Sie als graue Maus danebenuntergehen.

c) Informationen über die Kunden
Befragen Sie Ihre Kunden, ob diese die Messe kennen, schon einmal besucht haben oder einen Besuch planen. Sie können Ihre Kunden fragen nach:

• Eigenen Erfahrungen
• Wünschen, Bedürfnissen und Erwartungen
• Besuchsplanung und Besuchszeit
• Begleitende Mitarbeiter
• Eventuelle Kaufpläne

 Achtung: Denken Sie daran, daß Ihre Kunden in aller Regel nur über Fakten berichten. Die wenigsten reden auch über ihre Emotionen, die Sie aber unbedingt berücksichtigen müssen!

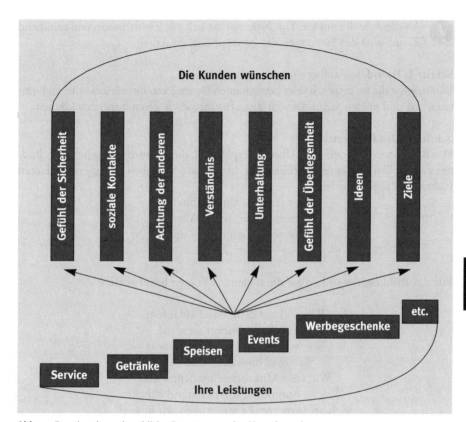

Abb. 13 Emotionale und sachliche Erwartungen der Messebesucher

Gerade von Top-Managern hört man oft, daß Sie ihre Besuche detailliert planen, einen straffen Zeitplan haben und diesen unbeirrt durchziehen. Wir haben erlebt, daß gerade diese unter Hochdruck stehenden Kräfte bei kniffeligen Spielen oder interessanten Events, bei leckerem Essen (z.B. Obst) oder einer netten Ansprache weich werden und ihren Besuchsplan vergessen. Interessanterweise muß dafür allerdings die emotionale Seite angesprochen werden. Die meisten sind den ganzen Tag von so viel Sachlichkeit umgeben, daß sie sich nach Spiel, Gemütlichkeit und Freundlichkeit sehnen.

Schritt 2: Ziele definieren

Diesem Thema ist wegen seiner Bedeutung ein eigenes Kapitel gewidmet *(s. Kapitel „Ziele")*.

An dieser Stelle nur ein Tip: Nehmen Sie sich zur Zielformulierung genügend Zeit: Sie ist das Herzstück der konzeptionellen Arbeit.

Schritt 3: Basisdaten aufbereiten
Bereiten Sie die im ersten Schritt gewonnenen Daten jetzt optisch auf (z.B. an Pinnwänden) und prüfen Sie, inwieweit diese für Ihre Ziele genutzt werden können.

Schritt 4: Das Rohkonzept
Das Rohkonzept ist eine erste Überblicksplanung, die es Ihnen ermöglicht, ein Budget zu erstellen und einen Leitfaden für das weitere Vorgehen zu haben. Sie haben bisher die Fragen bearbeitet:

Wer (eigenes Unternehmen),

warum (Situation am Markt),

für wen (Zielgruppe) und

wohin (Ziel).

Für das Rohkonzept sollten Sie die folgenden Fragen beantworten:

Was soll auf dem Stand ablaufen?

Was soll präsentiert werden?

Wie viele Kontakte erwarten wir?

Wie groß muß der Stand sein?

Wie viele Mitarbeiter brauchen wir?

Welche Anmutung soll der Stand haben?

Welche Aktionen, Events wollen wir bieten?

Welcher Besucherservice ist geplant?

Wie muß die Messe vorbereitet werden?

Wieviel Aufwand braucht die Vorbereitung?

Wie soll die Nachbereitung aussehen?

Das Rohkonzept stellt also schon sehr konkrete Fragen, ohne die Beteiligung jedoch bis ins Detail auszuarbeiten. Hier wird die Grundlage dafür geschaffen, bei der Geschäftsleitung und den übrigen Meinungsbildnern im Unternehmen eine Einwilligung für den Messeauftritt zu erhalten und den Kostenrahmen schätzen zu können. Einige der Entscheidungen im Rohkonzept sind allerdings wegweisend und im folgenden kaum mehr rückgängig zu machen:

❶ *Achtung:* Die Frage „Was soll ablaufen" legt fest, ob die Messe zur Präsentation genutzt werden soll, zur Information, zur Verhandlung oder zum Kontakt. Sollten diese Entscheidungen im Zeitverlauf umgeworfen werden, muß in der Regel die gesamte Standkonzeption neu erfolgen. Denn es liegt auf der Hand, daß ein Stand, auf dem alles auf die Präsentation einer Neuigkeit ausgerichtet ist, nicht plötzlich zu einem Stand werden kann, auf dem Tische stehen, die zu Gesprächen anregen sollen!

Auch die Entscheidung der Standgröße ist kaum mehr zurückzunehmen, ob größer oder kleiner: In aller Regel wird die Messegesellschaft hier nicht mit sich reden lassen. Dieser Platz muß ausgefüllt werden und der Besucher muß den Eindruck einer runden, perfekten Präsentation bekommen.

Außerdem haben Sie sich als Messeverantwortlicher mit dem Rohkonzept festgelegt. Ihre Arbeit wird daran gemessen werden können. Das bietet andererseits für Sie den Vorteil, daß Sie ein Druckmittel gegenüber anderen in der Hand haben, die plötzlich in Ihre Planung eingreifen wollen.

K

Schritt 5: Das Budget

Auch hierzu finden Sie unter dem Stichwort „Controlling" eine ausführliche Checkliste, mit der Sie Ihre Kosten detailliert planen können. An dieser Stelle daher nur wenige Grundüberlegungen. Über die Kosten von Messen gibt es sehr unterschiedliche Angaben. Wir empfehlen den Multiplikator 1.000 DM pro Quadratmeter:

> **Faustformel für die Messekosten:**
> **DM 1.000,–/qm**

Das scheint auf den ersten Blick sehr viel. Das Budget sollte jedoch nicht nur die Kosten der Platzmiete, des Standbaus und der Werbekosten umfassen, sondern auch die Kosten für eigene Mitarbeiter. Flapsig kann man diese Kosten auch als die „EDA-Kosten" bezeichnen, da die Mitarbeiter ja „eh da" sind. Jedoch ist zu bedenken, daß alle diese Mitarbeiter Aufgaben haben, denen sie während der Messebeteiligung nicht nachkommen können, die auch nicht aufgeholt werden können. Rechnen Sie daher pro Mitarbeiter, je nach Position DM 600,– bis DM 1.000,– pro Tag. Denken Sie auch daran, daß die Übernachtungskosten am Messeort erheblich sind!

✔ **Die groben Rahmendaten Ihres Budgets sollten sein:**

☐ Platzmiete
☐ Standbau
☐ Ausstattung und Ausstellungsstücke
☐ Transport
☐ Personalkosten
☐ Kosten für das Teamtraining
☐ Reisekosten
☐ Bewirtungskosten
☐ Kosten für Veranstaltungen
☐ Verbrauchskosten auf der Messe
☐ Werbematerial
☐ Werbeaktionen und Einladungen im Vorfeld
☐ Kosten der Nachbereitung

Schritt 6: Das Feinkonzept
Bevor Sie mit dem detaillierten Konzept beginnen, sollten Sie entschieden haben, ob Sie die Planung alleine durchführen, oder in einem Team arbeiten wollen oder können. Wir empfehlen ein Messeteam, das aus Mitarbeitern unterschiedlicher Abteilungen gebildet wird. Das hat den Vorteil, daß es auf breiterer Ebene akzeptiert wird und Sie in Folge Verbündete im Unternehmen haben.

Im Falle eines Planungsteams müssen die einzelnen Schritte selbstverständlich immer wieder mit allen abgesprochen werden. Was manchmal anfänglich etwas kompliziert erscheint, da Sie sicher häufig Auseinandersetzungen haben werden, erweist sich später als zeit- und nervenschonend.

a) Das Motto
Als erstes sollten Sie im Rahmen des Feinkonzeptes ein Motto finden. Ein frühzeitiges und griffiges Motto für eine Messebeteiligung hat mehrere positive Wirkungen:
• Es bietet einen Identifizierungsrahmen für die Mitarbeiter.
• Es konzentriert die Anstrengungen auf eine Ausrichtung.
• Es schirmt ab vor neuen Ideen von außen.
• Es bietet Dienstleistern einen Leitfaden.
• Es bietet Besuchern einen Leitfaden.
• Es schafft eine Corporate Identity.
• Es motiviert die Beteiligten.

Ein Beispiel

Kyocera hatte dem Messeauftritt auf der CeBIT 1997 das Motto „It's magic" gegeben, womit sie einerseits ihren neuen eco-Laserdrucker vorstellten, andererseits gab das Motto den Impuls für die Musik, die Farbgestaltung war schreiend lila und vieles mehr. Egal von wo aus man die Halle betrat, der Stand fiel ins Auge und zog die Besucher an.

Ein Motto stimuliert alle Beteiligten zu kreativen Höchstleistungen, zaubert Ideen hervor und weckt einen erstaunlichen Spieltrieb. Logischerweise müssen Vorgesetzte das dann auch akzeptieren. Denn wenn ein Team mit Ideen und Engagement ein kreatives Konzept erstellt hat, wird ein späterer Eingriff von oben große Frustrationen auslösen. Ich habe viele Mitarbeiter getroffen, deren Elan und Loyalität so gebrochen wurden.

Wenn das Motto steht, stellt sich die Frage, welche Produkte und Leistungen damit transportiert werden können. Grundsätzlich ist natürlich die Entscheidung schon im Rahmen des Rohkonzeptes gefallen, jetzt allerdings wird genau ausgewählt, werden Prioritäten gesetzt, das eine oder andere ausrangiert, eventuell etwas anderes hinzugenommen. Ständig unter der Frage: Wie werden unsere Kunden angezogen?

K

Messemotto
Produkt- und Leistungsauswahl
Form der Präsentation
Einteilung des Messestands
Anforderungen an die Infrastruktur
Stand-Architektur
Feinplanung der Aktionen, Events etc.
Planung der Werbung und Einladungen
Auswahl des Messepersonals
Messedrehbuch
Messetraining
Feinkonzept

b) Leistungsauswahl

Viele Unternehmen sind zu Recht stolz auf ihre Leistung. Sie sollten sich jedoch vergegenwärtigen, daß Ihre Besucher nicht Ihren Blickwinkel haben. Ein stolzes Ausstellen sämtlicher Erzeugnisse des Hauses hinterläßt bei Besuchern oft ein Gefühl der Ratlosigkeit. Der Eindruck eines Krämerladens entsteht sehr schnell, das Programm erscheint ungeordnet und die Besucher müssen selbst wissen, was sie wollen.

Weniger ist bei der Messe mehr. Genau ausgewählt, mit einer spezifischen Aussage: So weiß der Besucher genau, woran er ist, was ihn erwartet. Es weckt sein Interesse, oder er weiß sofort, ob er hier findet, was er sucht. Viele haben Angst, daß mit einem eindeutigen Profil viele Kunden achtlos vorbeigehen, die als Kunden gewonnen werden könnten. Tatsache ist jedoch, daß die Besucher auf Messen überinformiert werden und nach kurzer Zeit keine Lust mehr auf eigene Entdeckerleistungen haben. Sie werden dann aufmerksam, wenn aus der tristen Gleichheit der Stände einer mit deutlichem Profil herausragt.

Ein Sammelsurium aller Leistungen eines Unternehmens führt in der Regel dazu, daß keiner mehr zu dem Stand kommt, außer demjenigen, der schon Ihr Kunde ist.

Konzentrieren Sie daher Ihren Auftritt auf
• ein Produkt
• eine Dienstleistung
• eine Lösungsidee
• eine Zielgruppe
• Ihr Image.

Die Auswahl treffen Sie am besten unter Berücksichtigung der AIDA-Regel:

A	Attention	Kontakt herstellen	Sympathie demonstrieren, ins Gespräch kommen
I	Interest	Interesse wecken	Informationen gewinnen, Lösungen demonstrieren
D	Desire	Überzeugen	Nutzen argumentieren, Angebot unterbreiten
A	Action	Vereinbaren	Künftige Schritte vereinbaren, Abschluß tätigen

Es geht darum, zu entscheiden, wie gut die erwarteten Besucher mit Ihrem Unternehmen und Ihrem Angebot vertraut sind. Nur in wenigen Fällen wird ein Besucher etwas, das er nie zuvor sah, auch kaufen. In diesem Falle ist es wichtig, zunächst

einmal Aufmerksamkeit zu erregen. Aufmerksamkeit gewinnen Sie nicht durch komplizierte Texte oder lange technische Ablaufpläne. Zur ersten Kontaktaufnahme müssen Sie versuchen, in wenigen Sekunden einen „Aha"-Effekt zu erzeugen – durch einen Slogan, ein Wort, ein Bild oder ein Modell, das den Passanten auf der Messe einfängt. So einen Effekt können Sie herstellen, wenn Sie etwas zeigen, was
• Ihr Kunde noch nie gesehen hat.
• Ihr Kunde so noch nie gesehen hat.
• Ihr Kunde schon oft gesehen hat, aber immer wieder gerne sieht.
• Ihrem Kunden automatisch ein Feld unbefriedigter Wünsche aufzeigt.

Eine sichtbare Innovation ist das, wovon die meisten Aussteller träumen. Wenn die Innovation nicht sichtbar ist, kann es sein, daß Sie zwar vom neuartigen Charakter Ihres Produktes überzeugt sind, Ihr Kunde jedoch ziemlich gelangweilt bleibt. Denken Sie daher bitte immer an die Grundregel:

Neu ist, was Ihr Kunde für neu hält!

Normalerweise haben Sie jedoch nicht gerade eine wirkliche Innovation. Das macht nichts, stellt aber eine größere Herausforderung an Ihre Kreativität. Finden Sie für das, was Sie haben, einen interessanten Aspekt. Stellen Sie es in einen anderen Blickwinkel, bzw. finden Sie ein neues Anwendungsgebiet.

Nur wenn Aufmerksamkeit geweckt wurde, kann Interesse entstehen. Und Interesse wecken Sie, wenn der aufmerksam gemachte Besucher erkennt, daß Sie etwas anbieten, für das bei ihm ein Gefühl des Mangels entsteht. Wenn er prüft, ob sein Mangelgefühl durch Ihre Lösung behoben werden könnte, dann haben Sie Raum für eine Nutzenargumentation, die möglicherweise irgendwann zur Aktion, d.h. zum Kauf führen könnte.

c) Die Form der Präsentation
Der Prozeß von der Aufmerksamkeit zur Aktion dauert zumeist länger als ein Messebesuch. Gerade bei Neukunden sollten Sie nicht erwarten, daß diese gleich einen Kaufvertrag unterschreiben. Wenn Sie jedoch Interessenten ansprechen, die schon vorher auf Sie aufmerksam geworden sind, und ihnen jetzt die konkrete Funktionsweise Ihres Produktes bzw. Ihrer Leistung erklären, könnte Ihnen ein Verkauf gelingen. Ihr Messestand muß dann grundlegend anders gestaltet werden.
Hier sind wir schon bei der Frage des „wie". Denn sobald Sie sich entschieden haben, unter welchem Aspekt Sie Ihre Leistung darstellen möchten, geht es an die Gestaltung. Wollen Sie Ihre Leistung

- ausstellen,
- per Video oder durch andere Medien erklären,
- durch Außenstehende (Models, Zauberer etc.) vorführen lassen,
- nach Anlockung an den Stand dem Besucher diskret unterbreiten,
- Ihren Kunden durch Weglassung ans Herz legen?

Auch diese Entscheidung muß gefallen sein, bevor Sie Ihren Stand konkret planen.

d) Einteilung des Messestands

Wenn Sie viel Platz zur Verfügung haben, wird die Auswahl der angesprochenen Leistungen möglicherweise größer. Dann spielt es eine Rolle, wie Sie den Raum aufteilen. Die einzelnen Flächen müssen gut zusammenpassen, möglicherweise ineinander übergehen. Sollten Sie Themen haben, die partout nicht zueinander passen, sollten Sie überlegen, ob Sie den Stand teilen und räumlich voneinander trennen.

Außerdem sollten Sie überlegen, wo Sie folgende Gegebenheiten anordnen:

✔ Die Einteilung des Messestands	ja	nein	wo?
Küche			
Garderobe			
Kleinlager			
Besprechungsraum			
Pantry			
Bar			
Empfang/Infotheke			
Kasse			
abschließbarer Schrank			

Einige dieser Örtlichkeiten sind nicht disponierbar, weil Sie möglicherweise nur an bestimmten Stellen Wasser oder Strom haben, oder Säulen versteckt werden müssen etc. Das wird Ihr Standbau-Unternehmen erkennen und planen. Wenn Sie jedoch Ihre Vorstellungen nicht genau festgehalten haben, wird die Planung leicht nach den Schwerpunkten der Standgestaltung erfolgen.

In diesem Zusammenhang stellt sich die Frage nach der **Größe des Standes**. Wir werden oft gefragt, wie groß ein Messestand sein soll/muß. Darauf gibt es keine definitive Antwort. Im Durchschnitt sind die Messestände ca. 50 Quadratmeter groß, die meisten Messen verlangen Mindestgrößen von neun bis zwölf Quadratmetern. Das hilft Ihnen wenig weiter. Sie sollten sich vielmehr die folgenden Fragen stellen:

- Wie groß ist die Messe insgesamt?
- Wie viele Besucher erwarten wir?
- Wollen wir Neukunden anlocken?
- Wie groß sind die Stände der Wettbewerber?
- Wieviel wollen wir ausstellen?
- Welches Budget steht zur Verfügung?
- Wie wollen wir unser Image darstellen?
- Welche Aktionen sollen ablaufen?

e) Anforderungen an die Infrastruktur
Im Zusammenhang mit den Überlegungen über die Stand-Einteilung stellt sich auch die Frage, welche infrastrukturellen Gegebenheiten Sie auf dem Stand benötigen. Zu dieser Frage informieren Sie sich bitte in dem spezifischen Kapitel.

f) Stand-Architektur
Dieser Punkt ist von elementarer Bedeutung. Deshalb haben wir auch ihm ein extra Kapitel gewidmet.
Bedenken Sie im Rahmen Ihres Konzeptes vor allem die Zeitdauer: Wenn Sie ein Messebau-Unternehmen beauftragen – was bei größeren Ständen üblich und vernünftig ist – braucht dieser Messebau-Partner ebenfalls einen Vorlauf. Der Messebauer sollte deshalb etwa 16 Wochen vor Messebeginn beauftragt werden.

Zwar haben sich viele Unternehmen inzwischen darauf eingestellt, daß Aufträge auch vier bis sechs Wochen vorher ins Haus schneien, und die meisten springen in solchen Notsituationen auch ein, eine optimale Stand-Architektur kann in dieser Zeit aber selbstverständlich nicht entstehen. Vor allem deshalb nicht, weil die Unternehmen, die auf den letzten Drücker planen, meist auch alle anderen oben beschriebenen Arbeitsgänge vergessen haben.

g) Feinplanung der Aktionen und Events etc.
In der Rohplanung haben Sie sich grundsätzlich für die Art der Attraktionen entschieden, mit der Sie auf sich aufmerksam machen wollen. Sie haben eine Eventagentur beauftragt oder spezifische Künstler, Zauberer, Clowns o.ä. engagiert.
Jetzt geht es im wesentlichen noch darum,
- Zeitpunkt(e)
- Ort

• Dauer sowie
• flankierende Maßnahmen
festzulegen.

Für den Zeitpunkt versuchen Sie herauszubekommen, wann
• die wesentlichen Besucherströme erwartet werden
• andere Aussteller Aktionen planen
• Pausen sind
• die Messegesellschaft Aktionen geplant hat
• Pressevertreter kommen
• Ihre wichtigsten Kunden ihren Besuch planen.

Was den Ort angeht, denken Sie nicht nur im Rahmen Ihres Standes! Gerade wenn Sie am Rande einer Messe Platz gefunden haben, müssen Sie sich möglicherweise etwas einfallen lassen, um Ihre Netze weiter auszuwerfen.

⊗ Ein Beispiel

Auf der Neurologen-Jahrestagung 1998 in München engagierte das Unternehmen Promonta Lundbeck ein Saxophon-Quartett, das an unterschiedlichen Stellen des Kongresses für jeweils zwei bis drei Stücke aufspielte. Viele der anwesenden Neurologen konnten sich später gut an das Saxophon-Quartett erinnern und ein erheblicher Teil brachte es auch mit dem richtigen Unternehmen in Verbindung. Den Stand des Unternehmens hatten jedoch nur wenige besucht, da Promonta Lundbeck aufgrund erstmaliger Meldung nur einen Randplatz bekommen hatte.

Sicherlich waren andere Aussteller über die musikalische Einlage nicht unbedingt erfreut. Gerade bei längeren Standnachbarschaften – große Messen hinterlassen manchmal in einigen Hallen den Eindruck eines Campingplatzes, jedes Jahr finden sich die gleichen Nachbarn wieder, man kennt sich – sollten Sie Aktionen im Vorfeld absprechen, um Frieden zu wahren. Die meisten Messen haben Vorschriften für Aktionen und Events, teilweise müssen diese angemeldet werden.

Eine wichtige Frage ist auch die **Dauer** einer Aktion. Denken Sie daran, daß im Verlauf des Geschehens nichts anderes am Stand ablaufen kann. Sie können kein vernünftiges Gespräch führen. Ihre Standgäste sind abgelenkt und könnten es als unangenehm empfinden, wenn Sie sie durch ein Verkaufsgespräch von der Kurzweil abhalten. Außerdem sind bei einem guten Event so viele Menschen an dem Stand, daß eine große Unruhe herrscht.

Dauert die Aufführung zu lange, gehen einige Besucher wieder, ohne daß Sie die Chance gehabt hätten, intensiver mit ihnen zu kommunizieren. In diesem Zusammenhang wird deutlich, daß alle Mitglieder der Standcrew zum Zeitpunkt einer derartigen Aktion an Bord sein müssen, um sich um die Gäste kümmern zu können. Schon allzu oft wurden phantastische Events durchgeführt, nach deren Ende die Besucher erfreut den Stand verließen, ohne zu wissen, bei wem sie zu Gast gewesen waren: Niemand hatte sie darauf hingewiesen, niemand hatte das Gespräch mit ihnen gesucht.

Denn ohne flankierende Maßnahmen ist ein Messeevent nutzlos. Planen Sie mit ein, daß gerade zum Ende genügend Kräfte da sind, um Standgäste zu einem Gespräch zu lotsen, Material zu verteilen, die Gäste zu bewirten und/oder zu informieren. Das mindeste, was Sie tun sollten, ist, Visitenkarten einzusammeln, um im nachhinein die Besucher werblich anzusprechen. Bedenken Sie jedoch, daß auch dafür eine Planung entwickelt werden muß, da die wenigsten nach 20 Minuten Messe ihre Visitenkarte noch gerne aus der Hand geben.

h) Planung der Werbung und Einladung

Um die Besucher einer Messe kümmern sich die Messegesellschaft und die Aussteller gemeinsam. Der Veranstalter hat das Interesse, die Veranstaltung bei einem Zielpublikum bekanntzumachen, denn nur eine Messe mit hoher Besucherresonanz wird auch weiterhin Aussteller anziehen. Aussteller sollten sich umgekehrt allerdings nicht auf die Messegesellschaft verlassen, wenn es darum geht, daß auch die für sie interessanten Kunden angezogen werden.

Daher müssen auch Sie aktiv werden. Sie haben ja schon im Vorwege entschieden, ob Sie eher bislang unbekannte Menschen ansprechen, oder im wesentlichen Kundenpflege betreiben wollen. Sehen Sie also zu, daß Sie diese Zielgruppe schon im Vorfeld auf Ihren Stand aufmerksam machen, denn dann kann Ihre Messebeteiligung ihre volle Wirkung entfalten. Ihre volle Wirkung heißt in diesem Falle, daß Sie möglichst viele Interessenten ohne Reisekosten und Zeitverluste mit Ihrer Leistung vertraut machen können.

Denken Sie daran:

> **80 % der Entscheider planen ihren Messebesuch genau!**
> **70 % der Besuchszeit widmen sie geplanten Aufgaben!**
> **Weisen Sie auf Ihren Stand hin, damit Sie auch Besuch bekommen!**

Nur bis zu 30% der Besucher erfahren von der Messe durch Anschreiben oder ähnliche Promotion der Messegesellschaft. Weitere 30% werden direkt von Ausstellern eingeladen. Die anderen erfahren durch Besprechungen in der Fachpresse oder sonstigen Zeitungen von einer Messe. Diese Zahlen schwanken natürlich von Messe zu Messe. Bei der CeBIT ist sicherlich nicht mehr genau zu bestimmen, woher der Besucher erstmalig von der Messe erfuhr. Zu einigen Fachkongressen werden die Besucher dagegen nur über Einladungen kommen.

Die Messegesellschaft und jeder einzelne Aussteller haben jedoch unterschiedliche Ansichten, wie der ideale Besucher aussieht und sie werden daher unterschiedliche Menschen einladen. Die Aussteller, die gezielt einladen, werden ein Programm haben, um die eingeladenen Kunden gut zu betreuen und sie als Kunden zu halten. Wenn Sie niemanden einladen, weil Sie anderen die Kunden abjagen wollen, kann es sein, daß Sie zu wenig Kontakte haben werden und sich die Messe nicht rentiert.

Überlassen Sie nichts dem Zufall! Viele Unternehmen verlassen sich darauf, daß die Messe Besucher anzieht, die das Unternehmen nicht kennen und trotzdem alle an ihren Stand kommen und mit denen sie dann tolle Geschäfte machen können. Die wichtigen Besucher haben ihre meiste Zeit verplant und in der ungeplanten Zeit ist es nicht vorhersehbar, welche Stände sie besuchen werden. Mit solchen Unwägbarkeiten können Sie nicht rechnen, dafür ist die Messebeteiligung zu teuer. Was können Sie also im Vorfeld der Messe tun, um Besucher an Ihren Stand zu ziehen?

• Mailings an Ihre Kunden
• Mailings an neue Adressen Ihrer Zielgruppen
• Faxmailings
• Telefonmarketing
• E-Mails
• Einladungen durch den Außendienst
• Inserate/Anzeigen
• Pressearbeit

Allerdings ist das Einladen leichter gesagt als getan. Es ist kein einfaches Unterfangen, eine hochbezahlte Kraft zu ermuntern, ihren Schreibtisch zu verlassen und aus dem Büro zu türmen, um einen „unproduktiven" Tag auf der Messe zu verbringen. Gerade diesen VIPs müssen Sie einen Grund liefern und das Gefühl vermitteln, daß sich dieser Tag doppelt und dreifach auszahlt. Argumente können sein:

- Anregungen zu höherer Arbeitseffizienz
- Ideen zur Arbeitserleichterung
- Rationalisierungsvorschläge
- Sicherheitsmodelle
- Neue Geschäftsideen
- Preisvergleiche
- Informationen über den Markt
- Hilfe bei akuten Schwierigkeiten
- Treffen von Geschäfts- oder Marktpartnern

Wie liefern Sie Ihrem Kunden einen solchen Vorwand? Eben indem Sie ihm bei der Einladung die entsprechende Argumentation liefern!

Falls Ihr **Außendienst** im direkten Kundengespräch die Messeeinladung ausspricht, können Sie sicher sein, daß sie angekommen ist. Oft erfahren Sie zeitgleich, ob Sie mit dem Besuch des Kunden rechnen können oder nicht.

Alle anderen Verfahren sind ungleich unsicherer. Interessant ist heute noch das **Telefonmarketing**. Sie können Kunden und Interessenten zu Ihrer Messe einladen. Sie bräuchten einen interessanten Aufhänger und Menschen, die telefonieren können. In aller Regel sollten Sie dazu eine professionelle Agentur ansprechen. Es sei denn, Sie haben ein eigenes Call-Center und das hat augenblicklich Kapazitäten frei.

Telefonieren ist eine der am meisten unterschätzten Tätigkeiten. Viele denken, wer einen Hörer halten kann, könne auch telefonieren. Aber wo es sowieso schon viel zu wenig Menschen gibt, die problemlos mit Fremden ein Gespräch beginnen können, birgt das Telefon als kommunikative Sonderform viele Tücken in sich: Sie hören einen Menschen, sehen ihn aber nicht. In diesem Falle baut das Gehirn des Telefonbenutzers eine imaginäre Person um die Stimme herum. Es verlangt viel Professionalität zu erreichen, daß die imaginäre Person des Gesprächspartners diesem einen guten Eindruck vermittelt. Auf der anderen Seite verlangt es auch eine hohe Frustrationstoleranz, wenn der Gesprächspartner unfreundlich ist. Der Angerufene begreift intuitiv, daß er nicht vorsichtig sein muß und offenbart schonungslos seine augenblickliche Laune. Trotzdem ist eine telefonisch gegebene Zusage psychologisch noch sehr bindend. Obwohl mit einer fremden Person gesprochen wurde, vermittelt das Telefongespräch ein Gefühl von Authentizität: Eine menschliche Stimme, Lächeln, einen Namen, den Eindruck des Zuhörens. Ein Telefongespräch ist weniger direkt als die zwischenmenschliche Unterhaltung, bietet aber noch wesentlich mehr emotionale Beziehung als etwa ein Brief.

Mailings werden gerne als nützliches Element der Kundenkommunikation gehandelt. Das stimmt in den Fällen, in denen Ihr Kunde Sie kennt. Schon in früheren Jahrhunderten waren Briefe dazu da, Menschen, die sich gut kannten, aneinander zu erinnern, bzw. einen einmal geschlossenen Kontakt aufrechtzuerhalten, auch wenn die Zeit zwischen den tatsächlichen Begegnungen lang werden sollte.

Als Instrument, um einen neuen Kontakt aufzubauen, taugt ein Brief immer weniger. Die Antworthäufigkeit (die sogenannte „Response-Rate") nimmt mit der Flut der Mailings ab. Waren Adressaten vor Jahren noch gespannt auf den Inhalt eines Briefes, überlegen sie sich heute, wie sie Mailings vor dem Lesen aussortieren können.

Selbstverständlich gibt es noch immer intelligente Mailingaktionen, die mit Give aways gekoppelt sind, mit Preisausschreiben, Gutscheinen etc. Gerade diese Aktionen beweisen jedoch, wie schwer es geworden ist, mit Mailings zu den Kunden zu kommen.
Planen Sie den Aufbau eines Mailings genau:

• Der Umschlag verkauft den Brief!
• Der Brief verkauft den Prospekt!
• Der Prospekt verkauft die Antwortkarte!

Der Umschlag ist heute oft die größte Hürde. Erkennt man auf den ersten Blick, daß es sich um Werbung handelt, werden die meisten Entscheider den Inhalt nicht mehr zu Gesicht bekommen. In einigen Firmen werden solche Briefe schon in der Poststelle abgefangen.

Vergessen Sie auf alle Fälle die Info-Post. Viele Unternehmen sortieren alle Briefe mit aufgedruckten Stempeln in die Rundablage aus. Die Post kontert gerade mit aufgedruckten Briefmarken, die allerdings langsam ebenfalls erkannt werden. Wenn Briefe, dann ein neutraler Umschlag mit Briefmarke.

Auch der Briefbogen will geplant sein. Jeder Adressat überfliegt in wenigen Zehntelsekunden einen Briefbogen mit den Augen in der sogenannten „Leseacht" – ausgehend von der Adresse, über Betreff bis hin zur Anrede:

Abb. 14 Die Leseacht

- Der Adressat erwartet zunächst einmal, daß die Adresse richtig ist, er also wirklich gemeint ist.
- Die Betreffzeile muß sein Interesse wecken.
- Wenn er dann seinen Namen in der Anrede findet, gibt es eine gewisse Chance, daß er weiterliest.

Die Fachliteratur über Direct Mails verrät viele nützliche Kniffe, Sie können aber auch mit dem bewußten Gegenstück Erfolg haben: So hat ein befreundetes Unternehmen ein dreiseitiges Direct Mail verfaßt (in den Büchern gilt die Regel: nicht länger als eine Seite) und sehr große Resonanz erhalten. Alle Empfänger meinten, ein drei-Seiten-Brief kann keine Werbung sein.

Dem Mailing sollten Sie immer etwas beilegen, einen Folder, Prospect, etc. Dieser sollte näher erklären, was Sie dem Empfänger raten, inklusive einer Nutzenargumentation.

Schließlich sollte der Adressat noch aufgefordert werden, etwas zu tun: Eine Antwortkarte einsenden, eine Telefonnummer anrufen etc. Damit er das tut, versprechen Sie ihm etwas, ein kleines Give away, ein Preisausschreiben-Gewinn oder was immer bei Ihren Kunden im Kurs steht.
Sie werden feststellen, daß Briefe nur im Rahmen einer zusammenhängenden Kampagne etwas bringen. So müssen Sie Ihre Zielperson mindestens fünf bis sieben Mal innerhalb einer bestimmten Zeit anschreiben. Am besten sind Kombi-Lösungen aus Brief – Telefon – Fax etc.

Warum, werden Sie fragen, vertrauen so viele Unternehmen auf Mailings, wenn diese so wenig wirksam sind? Weil es eine relativ bequeme Art der Kontaktanbahnung ist, bei der der Absender nicht sofort sein Gesicht verliert. Und wenn sich der Kunde meldet, trägt er auch die Verantwortung. Mailings sind aber eine gute Möglichkeit als Türöffner in umfassenden Maßnahmen, z.b. wenn Sie einige Tage nach dem Mailing telefonisch nachfassen.

Anders verhält es sich augenblicklich noch mit E-Mails: Es gibt viele Manager, die fasziniert sind vom Internet und der Möglichkeit, sich schnell mit anderen in Verbindung zu setzen. Man darf gespannt sein, wie lange das anhält.

i) Die Auswahl des Standpersonals

Ⓧ *Ein Negativ-Beispiel:* Auf dem Jahreskongreß des Kundendienstverbands Deutschland 1998 war ein Stand vertreten, der eine neue spezifische Software vorstellte. Die Dame an diesem Stand saß zwei Tage mit dem Rücken zu den Besuchern vor einem Monitor. Ganze fünf Besucher waren verwegen genug, sich von hinten an die Dame heranzupirschen und darauf zu bestehen, informiert zu werden. Zu ihnen war die Dame freundlich und erteilte kenntnisreich Auskunft. Dies war die richtige Dame am falschen Platz.

Da gerade bei der Auswahl des Standpersonals oft keine Sorgfalt an den Tag gelegt wird, widmet sich auch dieser Frage ein eigenes Kapitel.

j) Messedrehbuch
Ein Messetag kann wie ein Theaterstück geplant werden. Es macht Sinn, das sehr frühzeitig zu tun, damit
• alle Situationen frühzeitig überdacht werden,
• anfallende Arbeiten rechtzeitig verteilt werden können,
• jedes Mitglied der Standcrew seine Aufgaben kennt,
• alle neuen Ideen zum Messeauftritt auf personelle und räumliche Kapazitäten hin geprüft werden können,
• Engpässe rechtzeitig erkannt werden,
• Streitigkeiten vermieden werden können.
Ein solches Drehbuch kann einfach gebaut sein, und nur beinhalten, wer was wann macht sowie den Ort der Handlung angeben. Dabei ist darauf zu achten, daß chronologisch geplant wird, vom Aufbau bis zum Abbau, vom Erscheinen vor den Besuchern bis zum Verlassen des Standes.

✅ Das Messedrehbuch

Datum 2.3./ Uhrzeit	Wer?	Wo?	Was?
vorher	CF, KN, PD	Küche	Kaffee kochen, Prospekte auffüllen, Stand/Exponate überprüfen
8–9	CF	Tresen	Kunden empfangen, Kaffee anbieten
8–9	HL, PD	Infotheke	Besucher ansprechen
8–9	KN	rechts vorne	
9–10	SK, CF	Tresen	
10–11			
11–12	CF, KN, PD		Pause
12–13			
13–14			
14–15			
15–16			
16–17			
17–18			
nachher	alle	Tresen	Abschlußgespräch

Achtung: Viele Messeauftritte bedeuten Streß pur und bergen möglicherweise Konfliktpotentiale. Kollegen, die sich eigentlich gut verstehen, fühlen sich plötzlich ausgenutzt, überarbeitet, während andere herumhängen und mit „irgendwem" quatschen. Das ist kein Wunder: Schließlich steht man bei Messen viel zu lange in schlechter Luft, ist einem hohen Geräuschpegel ausgesetzt, trinkt und raucht. Ein Drehbuch wie oben verhindert viele Konflikte, da die Arbeitsaufteilungen frühzeitig festgeschrieben sind und Menschen die Tendenz haben, zukünftige Arbeit bereitwillig zu übernehmen, in der tatsächlichen Situation die anstehenden Aufgaben dagegen lieber nicht übernehmen würden.

Noch ein Tip: Sie sollten außerdem die Pausen planen und dafür sorgen, daß die Kollegen während der Pause die Halle verlassen und an die frische Luft gehen. Spätestens am Nachmittag fallen die Stände positiv auf, an denen frische Mitarbeiter freundlich und fröhlich für die Interessenten da sind.

k) Messetraining

Wenn geklärt ist, wer was zu tun hat und welche Aufgaben die Messe stellt, dann kann mit dem konkreten Training begonnen werden. Das Verhalten auf der Messe und ganz besonders die Kommunikation ist nichts anderes als ein bewußtes Bewegen von Muskeln. Wie beim Tennis oder Fußball können auch hier die Muskelbewegungen in Verbindung mit theoretischen und strategischen Überlegungen geübt und gefestigt werden.

Viele Menschen halten gerade Kommunikation für etwas, das jeder kann, der der Sprache mächtig ist. Das ist insofern richtig, als jeder Mensch sich mehr oder weniger verständlich machen kann. Wenn allerdings mit der Kommunikation eigene Ziele verfolgt werden, andere Menschen überzeugt werden sollen, Konflikte vermieden werden sollen etc., dann wird klar, daß jeder seine kommunikative Kompetenz noch erhöhen kann. Zu diesem Zweck muß trainiert werden.

L

Logistik

Jährlich werden Materialien und Exponate im Wert von vielen Millionen Mark zu und von deutschen Messeplätzen transportiert. Die Planung der mit einer Messebeteiligung zusammenhängenden Materialbewegungen sollte rechtzeitig und umfänglich überdacht werden – einschließlich der damit verbundenen gesundheitlichen und versicherungstechnischen Risiken.

Es empfiehlt sich, für diesen Themenbereich nicht nur professionelle Hilfe von Fachspeditionen und dem Messebau-Partner in Anspruch zu nehmen. Sie sollten auch rechtzeitig die Fachabteilungen aus dem eigenen Hause – Versand, Export – in diese Überlegungen mit einbeziehen.

L

Exponate

Wenn Sie mit der Planung Ihrer Messebeteiligung rechtzeitig anfangen, dann werden Sie auch Zeit haben für die Auswahl Ihrer Exponate und die Wahl der angemessenen Verpackung.

Häufig bestimmen die vorgesehenen Exponate den Zeitplan entscheidend: Neuheiten sind oft erst kurz vor Messeeröffnung fertig und müssen mit Luftfracht oder anderen Sondertransporten verschickt werden, die eine besondere Verpackung aus Schutz-, Gewichts- und Kostengründen vorgeben.

Wichtig ist auch die Frage, ob Sie das Exponat wieder in der Originalverpackung zurücktransportieren wollen, oder ob es an eine andere Stelle, z.B. einen Kunden, verschickt wird.

Klären Sie zudem frühzeitig, wie und zu welchen Kosten die Verpackung während der Messe zwischengelagert werden kann.

Für die Kostenermittlung ist allerdings eine möglichst genaue Angabe von Größe und Gewicht der jeweiligen Ausstellungsgegenstände notwendig.

Materialien für den Standbetrieb

Prospekte, Muster, Handouts, Give aways: auch hier müssen Sie sicherstellen, daß alles wie geplant rechtzeitig am Stand zur Verfügung steht. Denken Sie auch bei der

Standplanung daran, wo diese Dinge während des Standbetriebs verstaut sind und wo der Nachschub lagert.

Gleiches gilt für die Bewirtungsmittel und für das notwendige Geschirr.

Verpackung des Standbau-Materials
Immer mehr setzen sich Mehrwegverpackungen, Verpackungssysteme, Container und andere kreative Lösungen durch. Sie erlauben nicht nur einen schnellen, effektiven Auf- und Abbau, sie sind kostengünstig zu transportieren – auch auf der Schiene! – und sparen unnötiges Einweg-Verpackungsmaterial. Das ist gut für das Budget, entlastet die Abfallrechnung und verhindert eine Umweltbelastung. Dafür, daß solche Verpackungssysteme platzsparend in die hauseigenen LKWs und Speditionspritschen passen, sorgen kreative Designer!

Auch anderes Standzubehör, wie Küchen, aber auch Prospekte lassen sich hervorragend in rollbaren Containern lagern und transportieren, und eventuell sogar darin auf der Messe oder im Schauraum präsentieren.

Reiseplanung
Parallel zur Bearbeitung der Messekonzeption sollte bereits die Planung der Reisen und Übernachtungen beginnen. Hotels sind zu Messezeiten immer am teuersten. Frühzeitige Planung und Buchung hat den Vorteil der größeren Auswahl von angemessenen Angeboten in Messenähe.

M

Medien

„Der Besucher – das unbekannte Wesen" – mit dieser These beschäftigten sich Messespezialisten vor einiger Zeit in Deutschland. Viel weiter sind wir in der Zwischenzeit noch nicht gekommen. Aber mehr und mehr beschäftigen sich heute Messegesellschaften, Ausstellergruppen, Institute, Messebau-Unternehmen und Messedesigner mit dem Besucher. Seine Erwartungen und Vorstellungen von Information, Weiterbildung, Erlebnis und Unterhaltung werden zunehmend zum Maßstab unseres Handelns auf Messen und Ausstellungen.

Information und Unterhaltung – information and entertainment = *Infotainment* – sowie Bildung und Unterhaltung – education and entertainment = *Edutainment* – sind Kernfunktionen unserer heutigen Messestände.

Information unterhaltsam zu verpacken und damit die Zielperson, die Zielgruppe aufnahmebereit zu machen, zielgerichtete Information zur Kenntnis zu nehmen und zu verarbeiten: Das ist die Kommunikationsaufgabe, der wir uns heute stellen müssen.

Das Schlagwort von der „Inflation des Bildes" mahnt uns, sparsam mit bildhaften Botschaften umzugehen.
Andererseits beobachten wir einen Trend „weg vom Wort, hin zum Bild".
Wenn durch die Erfindung des Buchdrucks vor etwa 500 Jahren ein neues Zeitalter der Bildung durch das gedruckte und gelesene Wort eingeleitet wurde, so stehen wir heute wieder an der Schwelle zu einem neuen Zeitalter. Diese neue Zeit wird durch Bildverarbeitung in Verbindung mit dem gesprochenen und gehörten Wort gekennzeichnet sein.

„Multimedia" wird uns als Stichwort in die nächste Zukunft begleiten. Die neuen Medien sind keine Bedrohung des Mediums Messen und Ausstellungen, sie sind neue Herausforderungen.
Die neuen Medien – in Kombination mit den herkömmlichen Medien – fordern Sie als Aussteller und genauso die Messemacher und Messedienstleister heraus, sich mit dem Informationsverhalten der Menschen, Ihrer Zielgruppen, der Besucher zu beschäftigen. Sie müssen Ihre Arbeit diesem Informationsverhalten anpassen:

Sie müssen dem Besucher bringen, was Sie ihm versprechen, und Sie müssen ihm versprechen, was er erwartet.

Entscheidend für Ihren Erfolg als Aussteller ist es, daß Sie mit den eingesetzten Medien CI-gerecht und ziel- und funktionskonform umgehen. Eine Menschentraube um Ihren Stand herum nutzt nichts, wenn es sich nicht um Ihre Zielgruppe handelt, oder wenn Sie nicht ausreichend Personal am Stand haben, um die Anzahl von Interessenten auch persönlich und qualifiziert „abarbeiten" zu können. Lassen Sie sich nicht zu einer Aktion überreden oder zu einem Event hinreißen, wenn Sie und Ihr Team gefühlsmäßig nicht davon überzeugt sind, daß die vorgeschlagene Aktivität zu Ihnen und Ihrem Unternehmen paßt!

Unser Medium wird sich verändern, so wie sich unsere Gesellschaft verändern wird und wie sich Kommunikations- und Kaufverhalten verändern werden.

Als Nutzer des Mediums Messen und Ausstellungen sollten Sie unbedingt „benchmarking" betreiben und bei Vorreitern bzw. Messeprofis abschauen, wie diese präsentieren und kommunizieren. Jeder Ausstellungs- und jeder Museumsbesuch kann Ihnen wertvolle Anregungen geben, wie klassische und moderne Medien zum Informationstransfer sinnvoll – oder auch nicht! – eingesetzt werden können.

N

Nachbereitung

Die alte Fußballweisheit von Sepp Herberger „Nach dem Spiel ist vor dem Spiel" gilt auch für Messen. Es sind im wesentlichen vier Bereiche, die Ihre Aufmerksamkeit nach Abschluß der Messe beanspruchen:

1. Festigen der Kundenkontakte
2. Datenermittlung für das Controlling
3. Datenaufbereitung für das Marketing
4. Planung für die nächste Messe

1. Festigen der Kundenkontakte

Der für die wirtschaftliche Verwertung wichtigste Bereich ist die Verfolgung der Kundenkontakte. Von dieser Arbeit hängt der Erfolg ab. Die hier zu beachtenden Arbeiten sind in der Konzeptionsphase vorgedacht und vorbereitet worden. Denn: Wenn Sie sich dem Kunden nicht schnell wieder in Erinnerung bringen, war der ganze Kontakt und Aufwand umsonst! Die Messebesucher nehmen derartig viele Eindrücke von der Messe mit nach Hause, daß es einem Roulettespiel gleichkommt, auf deren Reaktionen zu warten, ohne selbst aktiv zu werden.
Wenn Sie nichts tun, vergißt der Messebesucher Sie sofort. Bleibt also die Frage, was Sie tun müssen, wie oft und wie.

Fangen wir mit dem „wie oft" an. In der Werbebranche geht man von sieben notwendigen Kontakten aus, um bei einem Kunden nachhaltig in Erinnerung zu bleiben. Sicher muß die klassische Werbung sich erst einmal aus der Flut von Werbeinformation abheben und zunächst das Bewußtsein eines Mangels bei der Zielgruppe wecken. Bei einer Messe kann man zumindest von einem generellen Interesse der Besucher ausgehen und durch die Verbindung optischer, sprachlicher, akustischer und taktiler Reize eine tiefere Wirkung erreichen. Trotzdem sind auch hier vier bis sechs Nachkontakte innerhalb der nächsten sechs Wochen nach der Messe mit dem Erstkontakt zu koppeln.

Dabei ist es vorteilhaft, unterschiedliche Medien zu nutzen. Auch bei dieser Arbeit ist Ihrer Kreativität keine Grenze gesetzt. Es geht allein darum, aufzufallen.

Sicher ist es von Messe zu Messe unterschiedlich, wie viele Stände ein Besucher betritt. Es sind in jedem Falle zu viele, um einen einzelnen in Erinnerung zu behalten. An manche Stände wird sich der Messebesucher problemlos erinnern, andere sind nur noch dunkel präsent. Wenn Sie jetzt die Erinnerung auffrischen, haben Sie eine wesentlich größere Chance, sich in die Gehirnwindungen Ihrer Kunden einzunisten. Und wenn Sie das eine Zeitlang aufrechterhalten, haben Sie große Chancen, in die nächsten Auftragsüberlegungen einbezogen zu werden.

Wie sieht ein Muster-Vorgehen aus?

✔ Die Messe-Nachbereitung

Zeit nach Besuch	Inhalt	Mittel
einen Tag	Dank für Besuch	Fax, E-Mail, Brief
3–5 Tage	Muster, Prospekte	Brief
6–10 Tage	Vereinbarung eines AD-Termins	Telefon
10–20 Tage	Kundenbesuch	Außendienst
12–22 Tage	Dank für AD-Besuch	Fax, E-Mail, Brief
15–30 Tage	Angebot	Brief, Außendienst

Immer wieder meinen Unternehmer, daß dieses Vorgehen nicht praktikabel sei, da niemandem mehr einfalle, was es noch zu sagen gäbe und irgendwann der Kunde genervt wäre. Diese Sorgen äußern aber stets nur diejenigen, die es umsetzen sollten, nie die Kunden.

 Tip: Wenn es Ihnen peinlich wird, veranlassen Sie zwei weitere Kontakte, dann liegen Sie gerade richtig!

Tip: Das Dank-Fax und der erste Brief sollten schon vor Beginn der Messe formuliert und gestaltet sein! So können Sie z.B. die Adressen der Besucher jeden Abend in einen Laptop geben und Fax oder E-Mail noch am gleichen Abend lossenden. Nach der Messe haben Sie ohnehin genug zu tun, die liegengebliebene Arbeit etc. aufzuarbeiten. Wenn Sie die Nachkontakte nicht vorbereitet haben, werden Sie sie nie in Angriff nehmen!

2. Datenermittlung für das Controlling

Eine weitere unerläßliche Aufgabe ist die Datenaufbereitung für das Messe-Controlling. Vor allem die Besuchsberichte müssen gesammelt und analysiert werden. Für die spätere Erfolgskontrolle ist es wichtig zu unterscheiden zwischen:

- Neukunden
- Altkunden
- Kontaktmittlern

Diese Personen werden gegliedert nach den getroffenen Vereinbarungen:
- Prospekte zusenden
- Außendienstbesuch bei dem Kunden
- Angebot erstellen
- Auftrag.

Nun muß über das Jahr verfolgt werden, welche Aufträge in welcher Höhe kommen. Dann kann wirklich ermittelt werden, ob sich die Messe gelohnt hat, oder nicht.

3. Datenaufbereitung für das Marketing

Wie im Kapitel „Konzept" näher ausgeführt, bietet eine Messe dem Marketing die Chance, ausgezeichnete Informationen über den Markt zu bekommen. Denn nirgendwo sind mehrere Wettbewerber auf so engem Raum beieinander und gleichzeitig Kunden, die mehrere Wettbewerber besuchen.

In der Praxis wird diese Chance leider sehr oft vertan. Wenn Sie allerdings vor der Messe Checklisten zur Wettbewerbsbeobachtung erstellt und die Aufgaben zum Ausfüllen verteilt haben, können Sie nun diese Berichte auswerten.

Ein Beobachtungsbogen sollte wie folgt aussehen:

Muster für den Messebeobachtungsbogen

Messe: Datum:
Wettbewerber:
evtl. Halle + Standnr.:   Standgröße:
Thema: ....
Exponate: ....
Aktionen, Events: ....
Bewirtung: ....
Anwesendes Personal: ....
Persönlicher Eindruck: ....
....
Eindrücke befragter Kunden: ....
Anlage: Prospektmaterial

Wichtig ist, daß Sie Ihre Kunden befragen, wie diesen auch die anderen Stände zusagen. Für das Marketing ist weniger wichtig, was Kollegen über andere Unternehmen denken, sondern worin die Kunden die Stärken der anderen sehen.

Tip: Wenn Sie den Stand eines Mitbewerbers begutachten, machen Sie dies offen. Sie können ruhig hingehen, sich vorstellen und am besten auch noch den Stand loben. Spätestens am zweiten Tag werden die Mitarbeiter sich vertraulich mit Ihnen unterhalten. Peinlich sind nur „undercover"-Besuche, ohne Namensschild, bei denen sich Ihre Mitarbeiter als Kunden ausgeben. Irgendwann werden Sie auf der Messe entdeckt, dann finden Sie keine Begründung für Ihr subversives Verhalten.

4. Planung für die nächste Messe
Kaum ist eine Messe gelaufen, muß die Planung für weitere Messen beginnen. Vor allem die Entscheidung, ob eine Beteiligung an der gleichen Messe das nächste Mal ratsam ist, sollte aus mehreren Gründen zeitnah nach Ende der Messe fallen: Sie können
• sich noch gut erinnern,
• die Kontaktzahlen genau berechnen,
• Kunden befragen,
• Aufwand und Nutzen vergleichen.

Bei vielen Messen müssen Sie sich auch relativ schnell entscheiden, um einen Stand in guter Lage buchen zu können. Veranstalter von besonders attraktiven Messen sanktionieren ein Nichterscheinen durch deutlich schlechtere Standposition beim kommenden Auftritt.

Noch wesentlicher allerdings ist, daß Sie kurz nach der Messe noch ein gutes Gefühl für die Wirksamkeit des Auftrittes haben und sich gut an Fehler, Unaufmerksamkeiten oder auch Erfolge von Wettbewerbern erinnern. Alle diese Eindrücke sind wesentlich, um die nächste Messe sauber zu planen, begangene Fehler zu vermeiden und Bewährtes zu wiederholen.

Bewährt haben sich hier Teamworkshops *(siehe „Workshop").* Bloße Berichte füllen die Kollegen meist lustlos aus und lassen sie oft auch lange liegen. Ein gemeinsamer Workshop in der Woche nach der Messe (ca. zwei Stunden), am besten mit anschließendem Abendessen, bringt bessere Erkenntnisse und vertieft – bei guter Standatmosphäre – die Beziehungen untereinander.
Und das Beste daran: Solche Mitarbeiter sind unschwer auch wieder für die nächste Messe zu gewinnen!

O

Organisation – Timing ist alles!

Ein abgestimmter Terminplan ist eine wesentliche Voraussetzung für Ihre erfolgreiche Messebeteiligung. Frühzeitige Planung läßt Zeit für Preisvergleiche, optimale Abstimmung und kostengünstigen Einsatz von Ressourcen. In folgenden Schritten kommen Sie bei Ihrer nächsten Messe entspannt ans Ziel:

✅ Zeitplan für die Messevorbereitung

12 Monate vor Messebeginn
Festlegung der Messeziele und Strategien
Beginn der Auswahl des Partners für Standbau/Messebau
Anmeldung der Messebeteiligung beim Veranstalter
Absprache der Standplazierung

6 Monate vor Messebeginn
Vorbereitung der Aktivitäten rund um die Messebeteiligung
Abschluß der Auswahl des Messebaupartners

5 Monate vor Messebeginn
Präsentation des Messekonzeptes
Erstellung des Kostenplans
Festlegung flankierender Maßnahmen zur Messebeteiligung

4 Monate vor Messebeginn
Auftragsvergabe an den Messebaupartner

3 Monate vor Messebeginn
Probelauf von einzelnen Standbereichen (falls notwendig)
Layout für Standdekoration und Grafik

2 Monate vor Messebeginn
Festlegung der Öffentlichkeitsarbeit und Messeeinladungen
Planung der Messenachbereitung

O

Im einzelnen haben Sie bei Ihrer Messeorganisation folgende Checklistenpunkte abzuarbeiten:

Veranstalter

Veranstalter einer Messe in Deutschland sind meistens die Messegesellschaften selbst, die in Zusammenarbeit mit Wirtschaftsverbänden ein Messethema bearbeiten und dazu eine Veranstaltung organisieren.

Im Ausland sind die Veranstalter meist nicht Eigentümer oder Betreiber der Messehallen, sondern mieten die Hallen für ihre Veranstaltungen an.

Teilnahmebedingungen/Ausstellungsbedingungen anfordern

Wenn Sie die Beteiligung an einer Messeveranstaltung planen, sollten Sie die Ausstellungsbedingungen vom Veranstalter anfordern. Versuchen Sie auch, objektive Daten über diese Veranstaltung und über ähnlich gelagerte Messen zu erhalten. Der AUMA – Ausstellungs- und Messeausschuß der Deutschen Wirtschaft – stellt solche Daten in gedruckter Form wie auch über das Internet zur Verfügung: Besucheranalysen, Nomenklatur, Ausstellerzahlen. Ebenso halten die Industrie- und Handelskammern sowie die Wirtschaftsverbände entsprechende Informationen bereit.

Ausstellungsinhalte/Konzept

Definieren Sie Ihr Messekonzept ausgehend von Ihrer Unternehmens- und Marketingplanung *(siehe hierzu Kapitel „Konzept").*

Standgröße

Legen Sie die benötigte Größe Ihres geplanten Messestandes abhängig vom Standkonzept fest, unter besonderer Berücksichtigung der voraussichtlichen Besucheranzahl und der dafür notwendigen Anzahl an Standpersonal.

Eine grobe Funktionsskizze des Grundrisses mit Zuordnung von Teilflächen hilft, den notwendigen Platzbedarf zu definieren.

Anmeldung

Mit den Teilnahmebedingungen hat der Veranstalter ein Anmeldeformular zugeschickt. Ihre verbindliche Anmeldung müssen Sie mit diesem Formular – teilweise per Fax oder auch schon per Internet – durchführen.

Hier muß bereits der Flächenbedarf angegeben werden sowie die gewünschte Art des Standes: Reihenstand (nur die vordere Standseite zum Gang hin offen), Eckstand (zwei Seiten über Eck zu den Gängen hin offen: d.h. potentiell mehr Kundenkontakte), Kopfstand (drei Seiten offen), Blockstand oder Inselstand (freie Fläche mit allen vier Seiten offen zu den Gängen hin), Fläche im Freigelände *(siehe hierzu auch Kapitel „Gestaltung").*

Bei der Anmeldung müssen Sie angeben, in welche Angebotsgruppen des für die Messe vorgegebenen Warenverzeichnisses sich Ihre Exponate einordnen lassen. Weiterhin müssen Sie angeben, ob Sie weitere Unternehmen als Unteraussteller an Ihrem Stand präsentieren wollen. Für solche Unteraussteller wird eine geringe Unterausstellergebühr verlangt.

Zulassung

Mit der Zulassung als Aussteller (erteilt durch den Veranstalter) erhalten Sie üblicherweise bereits die Rechnung für die Standmiete, die meist auch kurzfristig zur Zahlung fällig ist. Falls die Lage Ihres Standes noch nicht festgelegt worden ist, wird mitgeteilt, wann die Projektleitung des Veranstalters mit der Aufplanung der Hallen (Plazierung der Stände in den Hallen) beginnen wird.

Standlage/Halle

Versuchen Sie – zusammen mit Ihrem Messebaupartner – Einfluß auf die Plazierung Ihres Standes zu nehmen.
Beachten Sie den voraussichtlichen Besucherfluß in der Halle, die Standnachbarn, Lichtverhältnisse zu unterschiedlichen Tages- und Jahreszeiten.

Kostenkontrolle anlegen
(Siehe hierzu Kapitel „Controlling")

Konzept ausarbeiten
(Siehe hierzu Kapitel „Konzept")

Briefing

Die von Ihnen für Teilleistungen – Messebau, Messe-Events, begleitende Werbung, Öffentlichkeitsarbeit – vorgesehenen Dienstleistungspartner brauchen ein aussagefähiges Briefing von Ihnen, aus dem Ihr Konzept und Ihre Messeziele deutlich werden.
(Siehe hierzu Kapitel „Gestaltung")

Ausschreibungen

Damit Sie Bau- und Ausführungsaufträge ausschreiben können, müssen Sie – wie schon bemerkt – rechtzeitig mit Ihrer Planung beginnen. Diese Aufgabe können Sie auch einem Consulting- oder Planungsunternehmen übergeben, das auch die Ausschreibungsauswertung übernehmen und Vergabevorschläge machen kann.

Auftragsvergabe

Die Auftragsvergabe sollte schriftlich, mit klarer Leistungsbeschreibung und Fertigstellungsterminen erfolgen. Sinnvoll ist auch die Vereinbarung von Zwischenterminen als feste Meilensteine.

Antragsformulare

(Siehe hierzu auch Kapitel „Technische Richtlinien")

Die Antragsformulare für die technischen Leistungen am Messeplatz, die Sie zusammen mit den Technischen Richtlinien vom Veranstalter zugestellt bekommen haben, kann am sinnvollsten Ihr Messebaupartner in Ihrem Namen ausfüllen und an den Veranstalter schicken.

Detailplanung Standbau

Die detaillierte Planung des Standbaus sollten Sie sich von Ihrem Messebaupartner vorlegen lassen, im günstigsten Fall mit einer Analyse des „kritischen Pfades" für die wichtigsten Gewerke oder Teilbereiche. Probeaufbauten für entscheidende Teilbereiche des Standes helfen bei der Planung der Exponat-Präsentation.

Exponate

Die Auswahl der Exponate erfolgt am besten durch eine Arbeitsgruppe, die mit Mitarbeitern aus Marketing, Verkauf, Technik sowie den Designern und Messebaupartnern besetzt ist.

Rechtzeitige Bereitstellung, Transport, Installation, Betrieb, Beratung, Rücktransport, Verpackung und Versicherung sind Punkte, die bedacht werden wollen.

Begleitende Werbung

Vor, während und nach der Messe gilt es, den Messeauftritt werblich zu begleiten. Nicht nur Handouts, Broschüren und Preislisten müssen in ausreichender Anzahl auf dem Messestand vorhanden sein. Überlegen Sie sich auch gut, wieviel und welche Informationen Sie überhaupt an dem Stand abgeben wollen. Manchmal ist es erfolgversprechender, einem Besucher die gewünschten Informationen wenige Tage später zuzuschicken oder sie vom verantwortlichen Außendienstmitarbeiter überbringen zu lassen.

Einladungen

Untersuchungen haben ergeben, daß weniger als 50% der Messebesucher vorbereitet zur Messe fahren. Überlassen Sie deshalb den Besuch Ihrer Zielperson auf Ihrem Messestand nicht dem Zufall, sondern sagen Sie ihm oder ihr deutlich, wann Sie auf welcher Messe, in welcher Halle, an welchem Stand, mit welcher Standmannschaft und welchen Neuheiten oder sonstigen Informationen auf ihn oder sie warten!

PR
Mit gezielter Öffentlichkeitsarbeit verstärken Sie den möglichen Effekt der anderen Marketinginstrumente und erreichen zusätzlich wichtige Partner und Multiplikatoren, wie Banken, Lieferanten, potentielle Kunden, Mitarbeiter und potentielle Mitarbeiter sowie Nachwuchs.

Standpersonal
Die Auswahl des Standpersonals und dessen Einarbeitung ist einer der entscheidenden Erfolgsfaktoren für Ihren Messeerfolg! *(Siehe hierzu Kapitel „Personal")* Geben Sie Ihrer Telefonzentrale und den wichtigsten Mitarbeitern rechtzeitig vollständige Information darüber, wer wann wie auf der Messe und abends im Hotel am besten erreichbar sein wird. Es empfiehlt sich, hierfür schriftliche Handlungsanweisungen zu verfassen.

Reisen und Übernachtungen
Messezeiten sind die besten Auslastungsperioden der Hotels in den großen Messestädten. Frühe Planung gibt jedoch gute Auswahlmöglichkeiten – Sie können nach Ihrem Bedarf planen und nicht nach den vorhandenen Möglichkeiten.
Legen Sie in Abstimmung mit Ihren Mitarbeitern fest, wie die Vergütung der Arbeitsstunden auf der Messe erfolgen soll, wie die Reisezeiten behandelt werden und welche Spesen gezahlt werden.

Standausstattung
Büromaterial, Werkzeug, Notfall-Kiste, Erste-Hilfe-Kasten sind Ausstattungsgegenstände, die Sie einige Wochen vor Beginn auflisten (s. Checkliste) und besorgen sollten.

Standreinigung
Am Ende der Aufbauphase wird das Bauteam den Stand besenrein übergeben. Während der Messelaufzeit muß abends eine Standreinigung vorgesehen werden. Auf einem kleinen Stand kann das bedeuten, daß Ihr Standteam selbst zum mitgebrachten Staubsauger greift. Sinnvoll ist meist jedoch die Beauftragung des offiziellen Reinigungsdienstes, für den allerdings zum Staubsaugen eine stromführende Steckdose vorgesehen sein muß, die auch bei verschlossenem Stand zugänglich ist.

Bewirtung

Die geplante Bewirtung Ihrer Standbesucher muß bereits Teil des Konzeptes und des Briefings an den Messestandplaner sein. Last-minute-Einkäufe auf dem Messegelände sind teuer.

Versicherungen

Klären Sie mit Ihrem Messebaupartner, ob er Ihre Exponate in seine Transport- und Ausstellungsversicherung einbeziehen kann, und welche Prämie er Ihnen dafür berechnet. Wahrscheinlich ist diese Lösung günstiger, als wenn Sie die Exponate für Transport und Dauer der Ausstellung separat versichern.

Messeende

Das Ende der Messe am letzten Messetag sollten Sie zu einem fröhlichen Ausklang einer erfolgreichen Mission gestalten – und nicht zu einem hektischen Aufbruch, an dessen Ende dann nur Katerstimmung und nicht der Beginn der Nachbereitung und der Anfang der Vorbereitung der nächsten erfolgreichen Messe stehen kann.

Das Messeteam hat ein Dankeschön verdient, der Messebaupartner hoffentlich auch. Und alle sollen aus den gemachten Erfahrungen lernen, sollen die gewonnenen Kontakte nachbearbeiten, damit sich all die Arbeit auch gelohnt hat!

Abbau

Achten Sie jetzt besonders auf wertvolle Exponate und Ausstellungsgegenstände: Im Trubel des Abbaus und in der Hektik des Aufbruchs sind schon so manche wichtigen und wertvollen Dinge abhanden gekommen!

Übergeben Sie den Stand offiziell dem Montageleiter des Abbauteams, der dann auch die Verantwortung übernehmen muß und wird. Im Zweifel ist eine Standbewachung notwendig.

Controlling – Kosten und Erfolg
(Siehe Kapitel „Controlling")

Nachbearbeitung

Eines der wichtigsten Kapitel für Ihren Messeerfolg! Wie viele gute, erfolgversprechende Messekontakte wurden nicht schon einem ungewissen Schicksal überlassen, weil keine Visitenkarte erbeten worden war, weil der Kontakt nicht aufgeschrieben worden war, weil der zuständige Außendienstmitarbeiter nicht informiert wurde, weil der versprochene Brief mit den erbetenen Unterlagen nicht rechtzeitig abgeschickt worden war.

Wenn der Nachfaßbrief nicht schon vor der Messe formuliert wird und wenn nicht schon vor der Messe ein Plan der verantwortlichen Personen für das Schreiben und Versenden der angeforderten Unterlagen gemacht wird, dann geschieht nach der Messe erfahrungsgemäß erst einmal nichts! Nicht aus bösem Willen, sondern nur, weil bei jedem an der Messe Beteiligten während der Messe das normale Tagesgeschäft liegengeblieben ist und aufgearbeitet werden muß.

Fazit: Die Messe-Nachbearbeitung muß vor der Messe geplant sein!

✓ Messeplanungs-Checkliste

Veranstaltung ....

Ort .... Termin von .... bis ....

Anschrift ....

Tel.-Nr. .... Bearbeiter ....

Hallen-/Stand-Nr. .... Ausstellungsfläche .... x .... m

Standart   ☐ Blockstand   ☐ Kopfstand

            ☐ Eckstand   ☐ Reihenstand

Aufbau von .... bis .... Abbau von .... bis ....

☐ **Ausstellungsbedingungen und Informationsmaterial bei Kongreß-büro/Messegesellschaft anfordern**

☐ **Ausstellungsprogramm bei den beteiligten Geschäftsbereichen abfragen, koordinieren, genehmigen lassen**

Standgröße und -lage
☐ Standgröße festlegen
☐ Lage des geplanten Standes mit dem Kongreßbüro/der Messegesellschaft vereinbaren

Anmeldung
☐ Einschreibegebühr überweisen
☐ Formular zur Erfassung der Kosten anlegen

Interne Besprechung im Betrieb
☐ Ausstellungsziele und -schwerpunkte festlegen

☐ Spezifizierung der einzelnen zur Ausstellung vorgesehenen Produkte
☐ Anschauungsmodelle

Textfestlegung
☐ Übersetzung
☐ Textgenehmigung
☐ Textübergabe an Grafiker/Layouter

Besprechung Grafiker/Standbaufirma
☐ Briefing Standbaufirma
☐ Standentwurf/Layout
☐ Modell anfertigen
☐ Gestaltung, Grafik
☐ Beschriftung
☐ Fotos, Grafiken
☐ Dias
☐ Filmvorführung
☐ Deko
☐ Kosten/Termine
☐ Bauzeichnung des Standes und Details
☐ Schriften und Signets festlegen

0

Auftragsverteilung
- ☐ Grafiker
- ☐ Standbaufirma
- ☐ Tapezierer, Maurer, Elektriker, Schreiner
- ☐ Wasseranschluß
- ☐ Dekorateur
- ☐ Fotograf
- ☐ Personal

Antragsformulare
- ☐ Elektro- und Wasserinstallation
- ☐ Telefon- und Faxanschlüsse
- ☐ Katalogeintragung und Anzeigen
- ☐ Aussteller-/Aufbauausweise
- ☐ Eintrittskartengutscheine
- ☐ Parkscheine
- ☐ Leihmöbel

Material für Standaufbau und Standbetrieb
- ☐ Podeste
- ☐ Teppiche/spezielle Böden
- ☐ Wandbespannung, Wände
- ☐ Türen/Vorhänge
- ☐ Dach
- ☐ Deckenbeleuchtung
- ☐ Deckenbespannung
- ☐ Spot-Lampen, Zusatzbeleuchtung
- ☐ Tonbandgerät
- ☐ Vitrinen
- ☐ Schalttafeln für Stromanschluß etc.
- ☐ Garderobe/Kleiderbügel
- ☐ Stühle, Tische, Schränke
- ☐ Bar und Hocker
- ☐ Heizung, Lüftung
- ☐ Dia-Projektor/Video/Multimedia/PC
- ☐ Schlüssel für Türen

Prospekt- und Werbematerial
- ☐ Entwurf und Fotos
- ☐ Prospekte drucken und disponieren
- ☐ Werbegeschenke

**Anzeigen in Fachzeitschriften
(mit Hinweis auf Messe)**

Standmaterial
- ☐ Produkte/Modelle
- ☐ Werbe- und Pressematerial

Einladungen
- ☐ Einladung zur Eröffnungsfeier u./o. zu offiziellen Veranstaltungen
- ☐ Einladungskarten (ggf. mit Eintrittskartengutschein) an Kunden versenden

Betriebsinformation
- ☐ Hallen-Nummer, Standnummer
- ☐ Telefonanschlüsse, Faxanschlüsse
- ☐ Hotel (Adr., Tel., Fax) des Standpersonals

Standpersonal
- ☐ Information (auch Dolmetscher)
- ☐ Prospektausgabe
- ☐ Kundenberatung, Küche, Garderobe
- ☐ Standleitung (Verantwortlichkeit festlegen)

Quartiersbelegung
- ☐ Zimmer
- ☐ Verpflegung

- ☐ **Liste und Kartei des vertrieblichen und technischen Standpersonals**

- ☐ **Anwesenheitskarte vorbereiten**

- ☐ **Liste und Kartei der angemeldeten Besucher**

- ☐ **Visa für Aufbau- und Standpersonal bei Auslandsmessen**

Unterlagen für Standbesetzung
- ☐ Standordnung
- ☐ Übersichtspläne der ausgestellten Anlage
- ☐ Internes Telefon

Informationen der Standbesetzung
- ☐ Training des Standpersonals
- ☐ Informationsmappe mit sämtlichen Unterlagen
- ☐ Einweisung des Standpersonals

- ☐ **Besucher- und Auftragsformulare**
- ☐ **Namensschilder Standpersonal**
- ☐ **Kleidung für Standpersonal**

Büromaterial
- ☐ Briefbögen, Umschläge
- ☐ Geschäftskarten, Quittungsblock
- ☐ Bleistifte/Kugelschreiber
- ☐ Büroklammern, Locher
- ☐ Standkasse
- ☐ Klebeband, Schere, Radiergummi
- ☐ Stempel und -kissen
- ☐ Ordner/Papierkörbe
- ☐ Schreibmaschine
- ☐ Heftmaschine, Rechner

Standreinigung
- ☐ Kühlschrank, Geschirrschrank
- ☐ Abfallkübel
- ☐ Bürste, Besen/Schaufel
- ☐ Handtücher
- ☐ Standreinigung beauftragen
- ☐ Staubsauger
- ☐ Staubtücher, Abwaschlappen
- ☐ Reinigungsmittel, Fensterleder

Geschirr und Zubehör
- ☐ Teller, Tassen, Gläser
- ☐ Besteck, Korkenzieher

- ☐ Kaffeekanne, Kaffemaschine
- ☐ Zuckerdose, Sahnekanne
- ☐ Blumenvasen, Aschenbecher
- ☐ Flaschenöffner, Büchsenöffner
- ☐ Zündhölzer, Papierservietten
- ☐ Kochtopf

Verschiedenes
- ☐ Leitern
- ☐ Sackkarren
- ☐ Werkzeugkiste
- ☐ Verbandskasten, Medikamente
- ☐ Nähzeug
- ☐ Abdecktücher
- ☐ Ersatz-Firmenschilder

Getränke und Tabakwaren
- ☐ Mineralwasser, Säfte
- ☐ Tee, Kaffee, Filtertüten
- ☐ Spirituosen, Zigaretten, Zigarren

Pflanzendekoration
- ☐ Schnittblumen
- ☐ Arrangements
- ☐ Blumentöpfe

- ☐ **Versicherungen**
- ☐ **Standfotograf**
- ☐ **Standübergabe**

Abbau
- ☐ Abtransport des Leergutes
- ☐ Verpackungsmaterial für Rücktransport
- ☐ Montagepersonal, Hilfspersonal
- ☐ Gabelstapler
- ☐ Rücktransport des Standmaterials
- ☐ Spedition beauftragen

- ☐ **Abrechnung der Messe**
- ☐ **Erfolgskontrolle**

0

Öffentlichkeitsarbeit/PR

Eine wesentliche Bedeutung für den Erfolg Ihrer Messebeteiligung haben begleitende Maßnahmen der Öffentlichkeitsarbeit. Vertrauen Sie nicht alleine auf den Veranstalter. Er ist sicherlich auch daran interessiert, bei der Presse, im Internet, bei Verbänden und in der Politik auf die Messe aufmerksam zu machen. Aber wenn Besucher auf die Messe kommen, sollen sie ja auch und besonders Ihren Stand aufsuchen.

Während Werbung in der Regel von den Kunden als Unternehmensaussage in eigener Sache aufgefaßt wird, bekommt das Ergebnis der Öffentlichkeitsarbeit immer den Anschein der Objektivität. Ein Pressebericht über Ihr Unternehmen ist eben die Aussage eines (anscheinend) Unabhängigen. Er erscheint daher glaubwürdig und aktuell.

Öffentlichkeitsarbeit meint die systematische und kontinuierliche Anstrengung, Aufmerksamkeit und Vertrauen in der Gesellschaft zu schaffen. Public Relations (PR) kann also nicht eben mal zur Messe betrieben werden, Sie können PR in der Regel nur betreiben, wenn Ihr Unternehmen diesbezügliche Strukturen aufgebaut hat. Sie müssen die Journalisten kennen und verstehen und mit ihnen laufend kommunizieren, d.h., daß Informationswege nicht einseitig sein dürfen.

Insbesondere messebegleitende Presseveröffentlichungen können zum Erfolg Ihrer Messebeteiligung beitragen. Wie allerdings gewinnen Sie die Redaktionen für eine Berichterstattung über Ihr Unternehmen?

Das Wichtigste ist der Anlaß! Die Redakteure werden genau prüfen, ob Ihre Sache eine Veröffentlichung rechtfertigt. Daher sollten Sie sich das im Vorfeld gut überlegen. Wer die Presse öfter wegen Nichtigkeiten bemüht, wird keine guten Beziehungen pflegen können. Ihre Pressemeldung sollte folgenden fünf Anforderungen genügen:
1. Aktualität des Themas
2. Originalität, d.h. neu oder bemerkenswert

3. Genauigkeit
4. Sachlichkeit, ohne Bewertung
5. Recherchierbarkeit

Im Vorfeld einer großen Messe laufen die Aktivitäten der Presseabteilungen großer Unternehmen auf Hochtouren. Das macht es noch schwerer, mit der eigenen Pressearbeit zu landen. Als Anlaß für eine Meldung oder gar eine Pressekonferenz taugen:

- Neues Produkt oder neue Leistung
- Erfolgsgeschichte (mehr Umsatz, mehr Gewinn etc.)
- Einzigartigkeit (Abgrenzung vom Wettbewerb)
- Partnerschaften, Unternehmenskäufe, Fusionen
- ungewöhnliche Verkaufserfolge
- soziales Engagement (mehr Arbeitsplätze, Sponsoring etc.)
- Umweltschutz
- Forschungserfolg
- Personalentscheidungen im Top-Management
- Arbeitsmodelle (Arbeitszeit, Rentenmodelle etc.)

Aus Ihrer Sicht gibt es kaum etwas interessanteres als Ihr Unternehmen. Ihre Nachricht wird das Interesse der Leserschaft aber nur wecken, wenn sie ihr „etwas bringt".

Daher müssen Überschrift und erster Satz den Kern der Sache treffen. Anders als die Erzählung braucht die Pressemeldung zuerst den Höhepunkt, dann die Umstände und erst dann kommen die Details. Außerdem möchte Ihr Leser wissen:

- Wann ist es passiert?
- Wo ist es passiert? (möglichst nahe)
- Wer ist verwickelt oder betroffen?
- Was genau ist passiert?
- Wie kam es dazu?
- Was ist die Ursache? (emotionaler Gehalt)

Ihre Pressemeldung senden Sie zusammen mit einer **Pressemappe**.
Eine solche Pressemappe sollten Sie auch auf der Messe bereitliegen haben, um im Bedarfsfall Journalisten befriedigend informieren zu können. In einer Pressemappe sollte der Journalist folgendes finden:

- Titelblatt
- Inhaltsverzeichnis
- Datenblatt (Firma und Fakten)

- Unternehmensportrait
  - Geschäftsidee
  - Zielgruppe
  - Branche
  - Produkte und Dienstleistungen
  - Geschichte des Unternehmens
- Aktuelles
- Unternehmensprospekte
- Fotos
- Pressespiegel

Die eigentliche Pressemitteilung sollte einigen formalen Kriterien genügen, da sie sonst von Journalisten, die ja eine Menge zugesandt bekommen, nicht gelesen wird. Journalisten erkennen schon am Aufbau, ob der Absender Erfahrungen mit der Presse hat und gehen dann von einer relevanten Nachricht aus. Folgende **Formalitäten** sollten Sie einhalten:

- griffige Überschrift
- eine (höchstens zwei) DIN-A4-Seiten
- Absender, Datum und Telefonnummer im Kopf des Schreibens
- 40–60 Anschläge pro Zeile, 1,5–2zeiliger Abstand
- rechts breiter Rand für Anmerkungen und Korrekturen
- sachliche und verständliche Formulierungen
- eigenes Unternehmen höchstens 2x nennen
- keine Werbeslogans
- wenn Foto, dann
  - 13 × 18 oder 18 × 24
  - schwarzweiß, Dia oder hochglanz
  - optisch attraktiv
  - Bildtext klebt am Foto

In seltenen Fällen mag der Anlaß so bedeutend sein, daß Sie eine **Pressekonferenz** einberufen.

Wenn Sie am Rande oder im Vorfeld der Messe eine Pressekonferenz planen, sollten Sie auf ein gutes Umfeld und gute Erreichbarkeit achten und darauf, daß die Inhalte gut vermittelt werden.

Das alleine genügt nicht. Hier ist eine gute Vorbereitung wesentlich. Folgende Checkliste soll Ihnen dabei helfen:

✔ Wichtige Bestandteile für Ihre Pressekonferenz

Termin	**Technik**
Vormittags	Beleuchtung
Dauer: 1–3 Stunden	Mikrophonanlage
Abstimmung mit Veranstalter	Video- oder Kassettenrecorder
Abstimmung mit anderen Firmen	Overheadprojektor
	Leinwand
	Kabel
	Beamer, Monitor

Ort	**Deko**
Messezentrum (ist problemlos)	Exponate
Raumgröße	Plakate
Belüftung und Beleuchtung	Tafeln, Displays
genügend Stühle und Tische	Flipcharts
Podium	evtl. Flaggen
Stromanschlüsse	Namensschilder
Garderobe	Blumen etc.

Einladung	**Bewirtung**
Liste der Pressevertreter	Imbiß
rechtzeitige Einladung	Getränke
Anfahrtsbeschreibung	Aschenbecher
Telefonat oder Fax	
Nachfaßaktion	

Konferenzteilnehmer	**Ablauf**
Moderator	Begrüßung
Fachvertreter	Anmoderation
Politiker, Prominenz	Vorstellung des Podiums
Firmenvertreter	Vorstellung der Honorationen
Ehrengäste	Vorstellung des Moderators
	Ziel und Inhalte
	Kurzstatements (< 10 min.)
	erst Programm, dann Fragen
	Diskussion ca. 30 min.
	gemeinsame Besichtigung der Exponate
	Essen

Ö

Organisation	Give aways
ausgewiesene Parkplätze	Pressemappe
Hinweisschilder im Gebäude	Schreibblock, Stifte
Begrüßungspersonal	Pressegeschenk (klein, originell,
	nicht teurer als 10 DM)
Garderobenpersonal	Fotos
Gästeliste	Redemanuskript
Anwesenheitsliste	
Namensschild für Gäste	

Achtung: Bei Pressekonferenzen während und vor Messen sollten Sie allerdings nicht nur Ihren Messeauftritt im Auge haben. Sorgt Ihr Unternehmen an anderer Stelle für Schlagzeilen, werden Sie in Ihrer Pressekonferenz auch danach gefragt. Bereiten Sie daher Ihre Antworten auf unangenehme Fragen vor. Vertrauen werden Sie nur aufbauen können, wenn Sie auch unangenehme Fragen offen beantworten. Gerade in diesen Augenblicken müssen Sie bei der Wahrheit bleiben, denn Sie können sicher sein, daß die Teilnehmer noch einmal nachrecherchieren.

P

Personal

Sie kennen den Anblick: Uninteressiert in Standecken stehendes Personal, Gruppen, die rauchend auf den Sitzmöglichkeiten lümmeln, vertieft in Unterhaltungen in eigener Sache. Sie stehen zwei Minuten an einem Stand, niemand spricht Sie an. *„Gut"*, denken Sie sich dann, *„daß das nicht meine Leute sind!"*

Wie aber wählen Sie Ihre Mannschaft aus? Ein Messeteam zusammenzustellen ist nicht leicht. Es gibt gute Mitarbeiter, die für eine Messe nicht taugen. Vor allem Menschen, die es kaum fertigbringen zu lächeln, sind auf einer Messe keine Botschafter von Kundenorientierung.

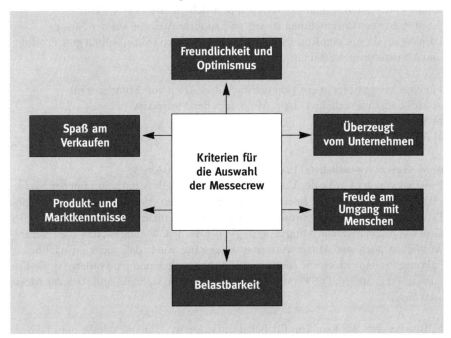

Abb. 15 Kriterien für die Auswahl der Messecrew

Ein Beispiel

Auf der CeBIT 1998 traf ich an dem Stand eines großen internationalen Herstellers einen Außendienstmitarbeiter, der mir etwa eine viertel Stunde einen Vortrag über die Fehlleistungen seines Unternehmens hielt und daß er nur darauf warte, daß man ihn mit hoher Entschädigung rausschmeiße.
Sicher ist es für Mitarbeiter und Unternehmen traurig, wenn die Dinge so weit gekommen sind und es ist auch müßig, die Schuldfrage zu stellen. Die Frage, was dieser Mitarbeiter auf der Messe soll, darf aber gestellt werden.

Viele Menschen sind sich ihrer eigenen Wirkung nicht bewußt. So mußte ich kürzlich in einem Unternehmen einer Mitarbeiterin übermitteln, daß sie nicht auf die Messe sollte. Sie hatte sich darauf gefreut und war am Boden zerstört. Sie konnte sich nicht erklären, daß andere Menschen sie als mürrisch empfanden.

Die ausgewählten Mitarbeiter müssen freundlich auf Menschen zugehen können, sollten einen guten Umgangston haben und sich gut artikulieren können. Sie müssen zum Unternehmen stehen und zu ihrer Aufgabe auf der Messe. Diejenigen, die mit den Kunden Fachgespräche führen sollen, sollten gute Produkt- und Marktkenntnisse haben.

Für eine Messe braucht ein Unternehmen drei Arten von Mitarbeitern:
a) Messeverantwortliche(r) bzw. Mitglieder der Messecrew
b) Standmitarbeiter
c) Aushilfen

a) Messeverantwortliche(r) bzw. Mitglieder der Messecrew:
Es hängt von der Größe des Unternehmens ab, wie viele Mitarbeiter mit der Messeplanung betraut sind. In einem kleinen Unternehmen ist es am besten, wenn eine Person die Gesamtverantwortung hat. In großen Unternehmen sollte ein Team in der Größe von acht bis zwölf Mitarbeitern gebildet werden. Wichtig ist, daß diese Verantwortlichen auch mit ganzer Autorität ausgestattet sind, daß nicht im nachhinein Führungskräfte noch eigene Ideen verwirklichen wollen und die vorhergehende Planung in Frage stellen. Die Verantwortlichen haben vor, während und nach der Messe „das Sagen".

Es ist klar, daß das kein Job für Berufsanfänger ist. Um eine Messe optimal vorzubereiten, sind eine Reihe von Fähigkeiten Voraussetzung:

- Projektmanagement
- Verhandlungssicherheit
- Belastbarkeit
- Koordinationsfähigkeit
- Fähigkeit, andere zu motivieren
- Kreativität
- Fähigkeit zum „troubleshooting" (Krisen abwehren, vermitteln)
- Kontaktfähigkeit
- Kommunikationsbereitschaft und -fähigkeit

Noch schwerer, als in der Zusammenarbeit mit externen Beratern oder Agenturen, haben es diese Mitarbeiter intern. Sie sind „nicht weisungsbefugte Überzeugungstäter". Sie müssen Mitarbeitern in allen Abteilungen ihre Ideen nahebringen, müssen verhandeln, Streit schlichten, Ideen aufnehmen, Kompromisse suchen etc.

Gerade in großen Unternehmen bewährt sich deshalb oft ein Team. Sicherlich gibt es auch in Teams Streit. Vor allem in den ersten Arbeitsmonaten kann es zu Auseinandersetzungen um die Spielregeln und Arbeitsweisen kommen sowie zu Rollenkämpfen. Doch gerade Teams, die über Jahre zusammenarbeiten, beweisen hohe Produktivität.

Den Teams sollten Mitarbeiter aus unterschiedlichen Abteilungen angehören:
- Marketing
- Verkaufsaußendienst
- Controlling
- F & E
- Service

F & E kann relativ zeitig ermitteln, was zur Messe gezeigt werden kann und was nicht.
Service und Verkauf haben sehr gute Informationen über Kunden und deren Erwartungen und können zielgerichtet weitere Informationen einholen.
Controlling kann das Budget gestalten und verfolgen.
Selbstverständlich ist die ganze Messearbeit ein Teil der Marketingverantwortung.

Wenn das Messeteam aus unterschiedlichen Unternehmensbereichen zusammengestellt wird, ist es leichter, im Unternehmen die erforderliche Unterstützung für die Messe zu erhalten. Auch die zusätzlichen, für die Messe notwendigen Mitarbeiter, die aus diesen Abteilungen kommen, haben die Sicherheit, daß ihre Vorstellungen in die Planung eingeflossen sind. Der ewige Streit, wem die Messe was bringt, welche Dinge zu wieviel mehr Erfolg geführt hätten, kann so weitgehend vermieden werden.

b) Standmitarbeiter:
Die Verantwortung für die Auswahl der Mitarbeiter des Messestands sollte idealerweise auch bei den Messeverantwortlichen liegen. In vielen Unternehmen ist das nicht so und das ist oft ein Grund für Meinungsverschiedenheiten. Grundsätzlich aber ist eine Crew, die das ganze Projekt in der Hand hatte, hoch motiviert und fiebert dem Termin entgegen. Wenn die Geschäftsleitung durch blinde Auswahl von Mitarbeitern die Stimmung auf dem Stand verdirbt, wird das den Enthusiasmus des Teams für die nächste Durchführung bremsen. Die Leitung der Messecrew müssen alle Mitarbeiter anerkennen – auch die Geschäftsleitung.

✔ Grundregeln für die Mitarbeiter auf dem Messestand

- Sie sind als Standmitarbeiter äußerlich erkennbar.
- Sie verlieren ihre außerhalb der Messe gültige Weisungsbefugnis.
- Sie sind während der Messe erreichbar.
- Sie melden sich ab, wenn sie den Stand verlassen.
- Sie wissen, welche Mitarbeiter noch auf der Messe sind.
- Sie kennen die unterschiedlichen Zuständigkeiten der Kollegen.
- Sie kennen das Messeziel und streben nach Erreichung.
- Sie haben ausreichend Visitenkarten.
- Sie haben Schreibzeug und Block.
- Sie füllen bei jedem Kontakt den Kontaktbogen vollständig aus.
- Sie sprechen jeden Besucher an.
- Sie sorgen für den richtigen Gesprächspartner.
- Sie versorgen Besucher, die auf den richtigen Gesprächspartner warten.
- Sie unterstützen jeden Kollegen, der gerade im Kundengespräch ist.

In vielen Unternehmen ist es üblich, daß alle Außendienstmitarbeiter auf der Messe sind. Gerade bei vielen neuen Kontakten sollten Sie diese Praxis ruhig hinterfragen. Denn wenn der Außendienstmitarbeiter den neuen potentiellen Kunden schon auf der Messe gesprochen hat, ist es wesentlich schwieriger, einen Besuch kurz nach der Messe zu begründen.

Machen Sie sich auch Gedanken über die Motivation Ihrer Leute. Damit meinen wir nicht Prämien oder dergleichen. Sondern achten Sie darauf, daß auch die Mitarbeiter die Messe positiv erleben.

Einige Unternehmen haben es geschafft, daß Messemitarbeit als Strafarbeit angesehen wird. Zwangsteilnahme, lange Fahrtzeiten, kein Zeitausgleich, kein Dankeschön, schlechte Stimmung am Stand etc.: Das beeinträchtigt vehement ihren Messeerfolg.

Andererseits kann es Ihnen durch kleine Aufmerksamkeiten gelingen, die Standmitarbeiter zu erfreuen: Ein gemeinsames Essen zur Vorbesprechung, Befragung im Vorfeld, welche Anregungen die Mitarbeiter haben, Fotodokumentation während der Messe, Blumen für den Ehepartner etc.
Gerade weil Sie so viel Arbeit mit einer Messe haben, sollten Sie das Wichtigste, den Menschen, nicht aus dem Auge verlieren. Sinnlose Appelle wie „Es muß doch im Interesse aller sein" oder „Solange wir das Gehalt zahlen, müssen wir ihm nicht sagen, wen er zu vertreten hat" helfen hier nicht weiter. Desinteressierte Standmitarbeiter machen die Messe zur Qual: Für Sie und den Besucher!

c) Aushilfen:

Ob Messehostessen, Monteure, die den Stand auf- und abbauen, Techniker, Köche etc., häufig werden auch Aushilfskräfte an dem Messestand benötigt. An einigen Ständen führen sie ein Randdasein, unbeachtet von allen anderen Mitarbeitern huschen sie über die Messen. Doch Ihr Besucher nimmt diese Kräfte wahr und auch Ihr Verhalten ihnen gegenüber.

Daher sollten Sie darauf achten, die Aushilfen gut zu behandeln. Haben Sie Hostessen an dem Stand, die für Empfang oder Bewirtung zuständig sind, müssen Sie ohnehin auf freundliches Auftreten achten. Und das schaffen Sie am besten durch freundliche Behandlung.
Im Mittelpunkt einer Messe steht die Begegnung von Mensch zu Mensch! Die Besucher kommen an Ihren Stand, Kontakte zu knüpfen, nicht um ein Produkt zu bestaunen. Kein Stand der Welt kann mangelnde Einstellung der Standmitarbeiter übertünchen.

Eine letzte Frage ist: Wieviel Mitarbeiter brauchen Sie an dem Stand? Diese Frage ist nicht einfach zu beantworten. Die Kriterien sind:
• Menge der erwarteten Besucher
• geschätzte Gesprächsdauer

Grundsätzlich ist es gleich schlecht, wenn Sie zu viele oder zu wenige Mitarbeiter an dem Stand haben.

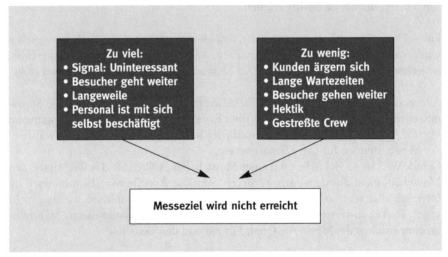

Abb. 16 Auswirkungen von zu viel oder zu wenig Standpersonal

Natürlich ist es nicht immer vorhersehbar, wie viele Besucher wann kommen. Wenn Sie schon einmal dieselbe Messe besucht haben, werden Sie eine Richtgröße haben. Ist es das erste Mal, sprechen Sie unbedingt mit dem Ausrichter, möglicherweise auch mit Unternehmen, die an der letzten Messe teilgenommen haben.

Wenn Sie diese Zahlen haben, rechnen Sie mit ein, daß Mitarbeiter auf Messen Pausen einlegen müssen. Als Verantwortlicher sollten Sie auch darauf achten, daß die Mitarbeiter in den Pausen die Messe verlassen (wegen Luft und Lärm). Dann können die Mitarbeiter mit Handys ausgestattet sein, um bei plötzlichem Andrang herbeigerufen werden zu können.

Wir empfehlen zwei Stunden Standarbeit gefolgt von einer Stunde Pause und einer Stunde Messebesuch (zur Marktbeobachtung). Damit ergibt sich die Formel:

$$\text{Anzahl der Mitarbeiter} = \frac{\text{erwartete Kontakte} * \text{ø Gesprächsdauer} * 2}{\text{8 Stunden}}$$

Q

Qualitätsmanagement

Seit einigen Jahrzehnten hat Qualitätsmanagement einen festen Platz in der Unternehmensorganisation. Die Unternehmensleistung soll schneller und besser erstellt, die Fehlerrate verringert werden. Namen wie Juran, Deming oder Crosby stehen für Urkonzepte, Kaizen, ISO 9000, Baldridge oder European Award bezeichnen Ansätze, die heute umgesetzt werden.
In diesem Zusammenhang soll es nicht um ein Abwägen dieser Konzepte gehen, sondern speziell um eine Möglichkeit, ein solches Qualitätsmanagement für den Messeauftritt nutzbar zu machen.

Der Begriff Qualität ist äußerst verwaschen, alle Unternehmen beteuern, Qualität zu erstellen. Der Begriff selbst sagt wenig, es schwingt ein Vergleich mit anderen Leistungen mit.
Es gibt unterschiedliche Qualitätsdefinitionen:
• Vergleich von Leistungsparametern
• Null-Fehler
• Preis-/Leistungsvergleich
• Prozeßqualität (z.B. ISO 9000)
• ständiger Verbesserungsprozeß (z.B. Kaizen)
• Zufriedenheit des Kunden

Im Zusammenhang mit einer Messe sollte die **Kundenzufriedenheit** das Qualitätskriterium sein. Schließlich wird die Messe aus Gründen der Kundenwirksamkeit veranstaltet. Das soll nicht heißen, daß die anderen Ansätze nicht ebenfalls ihre Bedeutung haben. In wesentlichen Teilen sind sie Voraussetzung für die Kundenzufriedenheit. In der Planung und Vorbereitung der Messe spielen Prozeßqualität und ständige Verbesserung eine Rolle.

Bei der Messevor- und -nachbereitung empfehlen wir, sich nach den 14 Prinzipien von W. E. Deming zu richten, die wir wie folgt für die Messeplanung umformuliert haben:

✔ Prinzipien der Messevor- und -nachbereitung nach W. E. Deming

1. Sehen Sie zu, daß jede Messebeteiligung besser wird als die vorhergehende.
2. Alle Mitglieder des Messeteams sollen ständig nach Optimierungen suchen.
3. Geben Sie jedem Teammitglied volle Verantwortung für sein Tun und unterlassen Sie ständige Kontrollen.
4. Berücksichtigen Sie bei Lieferanten nicht ausschließlich die niedrigsten Angebote.
5. Suchen Sie ständig nach Fehlern und ihren Ursachen.
6. Sorgen Sie für praxisorientierte Trainings.
7. Führen Sie Ihr Team durch Coaching.
8. Achten Sie auf gute Kommunikation im Team.
9. Bauen Sie Abgrenzungen zu anderen Bereichen oder Abteilungen im Unternehmen ab.
10. Hinterfragen Sie alle Slogans oder Ermahnungen.
11. Zwängen Sie Ihr Team nicht durch Vorgaben ein.
12. Stellen Sie sicher, daß jeder Mitarbeiter auf seine Leistung stolz sein kann.
13. Schaffen Sie eine Atmosphäre, die jeden ermuntert, ständig zu lernen (statt verbaler Kraftmeierei).
14. Ständige Verbesserung ist wesentliche Aufgabe der Messeleistung.

Diese Grundsätze finden sich so oder ähnlich in den meisten Qualitätsprogrammen. Sie mögen ein wenig abstrakt sein. Im wesentlichen sollten Sie davon ausgehen, daß im Team ein ungeahntes Potential zur ständigen Verbesserung vorhanden ist, das Sie allerdings durch ständige Kritteleien, Überprüfungen und Besserwissereien im Keim ersticken können.

Das bedeutet auch die Fähigkeit, manchmal zurückzustecken und den Teamvorschlag zu akzeptieren.

Bei Schwierigkeiten sollten Sie sich ein festes Vorgehen zur Verbesserung zu eigen machen:

✔ Vorgehen bei Schwierigkeiten

Schritt 1:
Formulieren Sie die Schwierigkeit so genau wie möglich und sammeln Sie das zugehörige Informationsmaterial.

Schritt 2:
Formulieren Sie die Zielsetzung.

Schritt 3:
Sammeln Sie mögliche Ursachen.

Schritt 4:
Sammeln Sie Verbesserungsvorschläge und definieren Sie Chancen und Risiken der Verbesserungsvorschläge.

Schritt 5:
Wählen Sie einen Lösungsweg aus, formulieren Sie den notwendigen Aktivitätenplan zur Umsetzung und legen Sie die Meßkriterien fest.

Schritt 6:
Setzen Sie die Verbesserung um.

Schritt 7:
Kontrollieren Sie die Umsetzung anhand der Meßkriterien.

Um Ihren Messeauftritt ständig zu verfeinern, müssen Sie vor allem in der Nachbereitung ergründen, wie zufrieden die Besucher mit Ihrer Darstellung waren. Das ist nicht immer leicht. Befragungen sind eine Möglichkeit. Allerdings sind Messebesucher auf der Messe nicht sonderlich willig, Fragebögen zu beantworten und aufgrund der allgemeinen Reizüberflutung sind diese Ergebnisse auch oft nicht besonders aussagekräftig.

Befragungen nach einer Messe sind auch nicht übermäßig erhellend, weil sich die Besucher meist nicht mehr speziell an einen Stand erinnern können.
Eine relativ probate Methode haben wir von der PIMS-Methode (Profit Impact of Market Strategy) abgeleitet.
Die Ergebnisse mögen zwar den Anforderungen höchster wissenschaftlicher Genauigkeit nicht genügen, wir haben Sie jedoch als hilfreich und vor allem als praktisch umsetzbar erlebt.

Messen Sie die Qualität Ihres Messeauftritts nach der PIMS-Methode

Für diese Methode bilden Sie eine Diskussionsgruppe bestehend aus Mitarbeitern unterschiedlicher Funktionsbereiche Ihres Unternehmens. Zunächst sammelt diese Gruppe Merkmale, die das Besucherverhalten beeinflussen, aber mit den ausgestellten Produkten und Leistungen nicht im Zusammenhang stehen.

Dann werden diese Merkmale gewichtet. Die Gesamtsumme der Gewichte muß 100 ergeben.

Schließlich bewertet die Gruppe den eigenen Messeauftritt mit einer Punktzahl von 1 (sehr schlecht) bis 10 (sehr gut).

Wenn Sie dann die Gewichtung mit der Punktzahl multiplizieren, erhalten Sie einen Wert für die vom Kunden wahrnehmbare Qualität Ihres Messeauftritts.

Merkmale	Gewicht	Bewertung	Qualitätszahl
freundliches Standpersonal	28	7	196
Sauberkeit des Standes	16	4	64
farbliche Gestaltung	5	9	45
Übersichtlichkeit	9	8	72
Gemütlichkeit	4	1	4
gutes Essen	17	10	170
attraktiver Event	10	9	90
....	11	4	44
	100		685

In obiger Beispielrechnung erkennen Sie, daß Sie für den nächsten Messeauftritt sehr hohes Optimierungspotential haben. Sie erkennen auch, an welchen Stellen Sie besonders gut bessere Ergebnisse erzielen können. Nämlich z.B. in der Verbesserung der Freundlichkeit. Zwar ist die erzielte Bewertung nicht schlecht, aber die Gewichtung ist sehr hoch. Die Gemütlichkeit scheint für diesen Messeauftritt stark ausbaubar, Gemütlichkeit wird von Kunden allerdings nicht sonderlich hoch bewertet.

Wie erwähnt haben wir mit dieser Befragung sehr gute Erfahrungen gemacht. Zwar werden keine Kunden direkt befragt, doch da die Mitarbeiter aus verschiedenen Bereichen Ihres Unternehmens kommen, besteht wenig Gefahr, daß alle den Messeauftritt zu sehr loben oder zu sehr verdammen. Sie werden erleben, daß die Ergebnisse für sich sprechen.

R

Reiz

Durch eine Messebeteiligung wollen Sie auf sich aufmerksam machen. Sie möchten für andere ein Signal setzen, daß Ihr Unternehmen ein verläßlicher Partner ist. An genau dieser Stelle müssen wir uns fragen, wie das auf einer Messe vermittelt werden kann. Wer glaubt, gute Arbeit würde sich von allein herumsprechen, liegt falsch. Gute Arbeit ist im heutigen Wettbewerb Grunderfordernis.

Auf der Messe haben Sie darüber hinaus keine Möglichkeit, andere von Ihrer guten Arbeit zu überzeugen. Sie können nur auf Ihre Besucher attraktiv wirken, auf daß diese Ihnen eine Chance geben.

Wenn wir uns fragen, welche Reize Besucher anziehen, sind wir zunächst einmal bei deren Motiven. Maslows Hypothese von den hierarchisch geordneten Motiven
– Selbstverwirklichungsbedürfnis
– Bedürfnis nach Anerkennung und Macht
– Bedürfnis nach Zuwendung und Liebe
– Sicherheitsbedürfnis
– Grundbedürfnis
hilft uns nur wenig weiter. Diese Bedürfnisse müssen übersetzt werden, vor allem müssen wir einen Hebel finden, um die Besucher von einem Moment zum nächsten zu reizen.

Ein Reiz ist ein physiologischer Vorgang, der dazu führt, daß der Körper in Verbindung mit erhöhtem Blutdruck und Pulsschlag Adrenalin und Noradrenalin freisetzt, die Gehirntätigkeit in gewissem Maß blockiert und die Konzentration, zumindest kurzfristig, auf einen Punkt richtet. Diese Reize können positive und negative Wirkung erzielen, Angst oder Freude bereiten.

Wir müssen versuchen, bei unseren Kunden die oben genannten körperlichen Reaktionen zu provozieren. Das schaffen wir nicht auf der Sachebene. Wir müssen Gefühle ansprechen: Wir können Signale aussenden, die positive Gefühle unserer Kunden ansprechen, wir können aber auch Signale aussenden, die Abhilfe bei Ängsten versprechen.

Die Signale werden sinnlich wahrgenommen, deshalb sollten die Reize
- optisch (Auge)
- olfaktorisch (Geruch)
- akkustisch (Gehör)
- sensorisch (Tastsinn)
- gustatorisch (Geschmack)
- termosensorisch (Temperatur)
übermittelt werden. Achten Sie also verstärkt auf die gefühlsmäßige Ansprache.
Dabei können mit einfachen Mitteln große Erfolge erzielt werden.

✗ Ein Beispiel

Gerade auf technischen Messen scheinen viele Stände geradezu vermeiden zu wollen, die Gefühle der Kunden anzuregen. Statt dessen überwiegen technische Displays und Ausstellungsobjekte sowie grau gekleidete Herren, die reine Nutzenargumentation vorbringen.
Und dann plötzlich: Eine Frau(!) mit Blumen(!) an dem Stand, Tischtücher(!) in warmen Farben, indirekte, warme Beleuchtung(!), Lavendelblätter verströmen guten Duft(!), es werden Pralinen(!) gereicht. – Wenig Aufwand, aber große Wirkung.

Die Reize müssen selbstverständlich mit Inhalten verbunden werden, denn der Standbesucher soll die Koppelung nachhaltig in sich aufnehmen. Bestimmte Reize sind mit einigen Themen nicht koppelbar.

Erotik ist ein Reiz, der fast immer wirkt. Auf Automessen werden große Wagen oft von schönen Frauen präsentiert. Was dort Besucher offenbar anzieht, wird auf einer Ökomesse oder einer Dienstleistungsausstellung möglicherweise als unseriös empfunden.

✐ Benennen Sie Ihre Leistungen

Versuchen Sie also, für die oben genannten Maslowschen Motivationskategorien emotionale Begrifflichkeiten zu finden, mit denen Sie Ihre Leistungen belegen.

Bedürfnis	positive Begriffe	negative Gegenbegriffe
Selbstverwirklichung	Bequemlichkeit	keine Mühe
	Kreativität	keine Langeweile
Anerkennung und Macht	Luxus	kein Mittelmaß
	Ansehen	Ablehnung vermeiden
	Auffallen (Attraktivität)	
	Erfolg	
Zuwendung und Liebe	Vergnügen	nicht verkniffen
	Liebe	keine Ablehnung
Sicherheit	Sicherheit	keine Angst
	Schutz	ohne Unsicherheit
Grundbedürfnis	gutes Essen	kein Hunger
	gute Getränke	kein Durst
	Gesundheit	keine Krankheit

Als Reize können positive und negative Begriffe verwandt werden, die negativen allerdings nur in verneinter Form. Solche Begriffe wirken als Trigger, d.h. als Signale, die eine große Anzahl von Assoziationen beim Leser hervorrufen.

Bei Business-to-Business-Messen gibt es darüber hinaus noch motivübergreifende Trigger wie z.B.
• Gewinne,
• Umsatz,
• Kosten vermeiden.

R

S

Stand

Die optimale Gestaltung des Messestands dient dazu, Besucher anzulocken. Der Messestand soll die Visitenkarte Ihres Unternehmens sein und Ihr Unternehmen nach außen präsentieren. Die Wirkung des Messestandes hängt ab von:

* Architektur
* Farbe
* Funktionalität
* Design
* und auch immer vom Verhalten des Standpersonals

Sie fragen sich zu Beginn der Planung: Was will ich mit dem Messestand erreichen? Dabei werden Ihnen sicherlich zunächst zwei Vokabeln in den Sinn kommen: kreativ und funktional! Als Visitenkarte Ihres Unternehmens muß ein Messestand noch weitere Kriterien erfüllen:

* Er spiegelt die Firmen-CI (Corporate Identity) wider! Je individueller Sie den Messestand auf das Image Ihres Unternehmens zuschneiden, desto größer wird die Aufmerksamkeit Ihrer Zielgruppe(n).

* Architektur ist Mittel zum Zweck! Sie soll die Kommunikation in einer offenen, angenehmen Atmosphäre Ihren Wünschen gemäß unterstützen.

* Aufmerksamkeit erzeugen durch sinnliche und emotionale Ansprache. Gefühle können geweckt werden durch Lichtelemente, Ton, Geruch, neue Präsentationstechniken, aber auch bewährte emotionale Elemente wie Blumen, Stoff etc.

* Der Messebesucher soll in das Geschehen einbezogen werden. Das können Sie durch Events oder Aktionen, aber auch durch kundenbezogene Kommunikation erreichen.

* Ein Stand soll informativ sein!

Am Anfang des Planungsprozesses für einen Messestand steht die Definition und Klärung der Beteiligungsziele! Diese Ziele müssen Sie im Standbriefing zur Sprache bringen, damit der Designer die notwendigen und hinreichenden Informationen hat, um einen Stand entwerfen zu können, der nicht nur ein schön gestaltetes Stück Architektur ist, sondern auch ein kreativ-schöpferisches und funktionales Marketingwerkzeug, das Ihnen hilft, Ihre Messe- und Marketing-Ziele umzusetzen und zu erreichen!

Einsatz von Standbausystemen und -modulen
Das Messewesen in der heute in Europa gewachsenen Form wäre ohne Systeme so nicht denkbar. Die heute möglichen kurzen Auf- und Abbauzeiten bei dennoch hoher Gestaltungsqualität der Stände sind nur ein Beleg für diese Aussage. Dabei geht es um:
- Einsparung von Montagezeiten
- Gestaltungsflexibilität für verschiedene Einsätze
- Verringerung von Produktionskosten
- Einsparung von Transportkosten und -volumen
- Einsparung von Lager- und Wartungskosten
- Ökologie

Früher waren Systemstände häufig nicht sehr attraktiv oder wenig kreativ gestaltet, aber das hat sich in den letzten 15 Jahren erheblich gewandelt. Die Bandbreite des Designs von Systemständen ist stark gewachsen.

Heute ist es einem Messestand häufig von außen nicht anzusehen, ob und wie in seinem Innern das statische Gebäude aus Systemteilen konstruiert wurde. Gerade kleinere Stände können mit Systemeinsatz und individuell dazu produzierten modularen Bauteilen interessant und ausdrucksstark gestaltet sein sowie Aufmerksamkeit erregen.

Form follows funktion! – d.h. der Standbau wird durch Ihr Kommunikationskonzept bestimmt!

Erst die Zielrichtung der Aussage Ihres Unternehmens gibt dem Designer einen Anhaltspunkt für die Form des Messestands, die die Unternehmenskommunikation verstärken und unterstreichen soll. Ein Stand, der zu Kontakten und Gesprächen einladen soll, muß notwendigerweise anders aussehen als einer, der ein Produkt effektiv präsentieren soll. Wenn Sie im wesentlichen Altkunden einladen und ansprechen wollen, sieht Ihr Stand anders aus, als wenn Sie neue Kunden auf sich aufmerksam machen wollen.

Die Wirksamkeit Ihres Standes hängt nicht unbedingt vom eingesetzten Geld ab. Die große Herausforderung für einen kreativen Standdesigner liegt heute darin, so viele Systembauteile und modulare Bauteile wie möglich für die Gestaltung eines Messestands einzusetzen, der eine optimale dreidimensionale Manifestation Ihrer Messeziele und Ihres Corporate Designs wird! Systemteile können Sie wiederverwenden: Das spart Geld und schont die Umwelt.

Ökonomische und ökologische Aspekte spielen eine immer stärkere Rolle bei der Messeplanung. Viel zu oft gerät dabei die ästhetische Überlegung in den Hintergrund. Das allerdings kann das Ergebnis beeinträchtigen! Denn Aufmerksamkeit soll ein Messestand erwecken, sonst ist die Messebeteiligung nicht nötig. Erkenntnisse aus Besucherbefragungen zeigen, daß ein relativ hoher Prozentsatz von Besuchern die Ausstellungen und Messen ohne festen Besuchsplan abgehen. Das ist Ihre Chance!

Hier gilt es, in der Sekunde des Vorbeigehens genügend Aufmerksamkeit zu erzielen. Viele Fachbesucher kommen aus Kostengründen nur noch einen Tag zur Messe, wodurch die theoretisch pro Halle und pro Stand zur Verfügung stehende Zeit gesunken ist. Da Messebesucher eine Unmenge von Informationen verarbeiten müssen, ist es nicht leicht, in ihr Bewußtsein vorzudringen. Von einem Messestand sollte eine Signalwirkung ausgehen. Das muß ein gutes Standdesign heute architektonisch, grafisch und funktional berücksichtigen.

Nutzen Sie die folgende Liste, um Ihren Standdesigner vollständig zu briefen. Denken Sie bitte daran, daß ein Designer kein Marketing-Berater ist. Überlassen Sie die folgenden Überlegungen nicht ihm, auch wenn er sich anbietet!

✔ Leitfaden für das Briefing eines Messepartners

- ☐ Messe, Termine, Veranstaltungsort
- ☐ Messeziele und Kommunikationsziele
- ☐ Verkaufsziele
- ☐ Marketingziele
- ☐ Zielgruppen
- ☐ Erwartungen der Besucher
- ☐ Etat
- ☐ Art und Größe des Stands
- ☐ Benötigte Anzahl des Standpersonals

- ☐ Spezielle Messeauflagen/Messeplan
- ☐ Raumbedarf für Besprechung, Bewirtung, Lagerung etc.
- ☐ Kabinen
- ☐ Küche
- ☐ Infotheken
- ☐ Bar
- ☐ Garderobe
- ☐ Lager
- ☐ Sonstiges
- ☐ Sitzgruppen
- ☐ Exponate/Ausstellungsobjekte
- ☐ Art, Anzahl, Größe, Gewicht (Prospekte/Fotos mitgeben)
- ☐ Art der Präsentation, z.B. Podeste, Vitrinen, Borde, Prospektablagen etc.
- ☐ Aktionen am Stand

Wichtig ist, daß Sie die Planungszeit für den Messestand ausreichend gestalten. Je früher Sie beginnen, sich mit dem Konzept für Ihren Messestand zu beschäftigen, desto mehr Zeit bleibt Ihnen, Kosten zu vergleichen und sich für ökonomische und ökologische Standlösungen zu entscheiden.

Umweltgerechte Standbaukonzepte sind meist auch ökonomische: Wiederverwendbare Bauelemente aus modularen oder Systembauteilen lassen sich schneller und einfacher auf- und abbauen. Sie können häufiger verwendet und variabel eingesetzt werden.

Viele Menschen glauben, daß der Messeerfolg mit der Standgröße zusammenhängt und daß ein kleiner Stand den Aufwand nicht lohne.

Die durchschnittliche Standgröße ist in den letzten Jahren leicht rückläufig gewesen und liegt jetzt auf deutschen Messen unter 50 Quadratmetern pro Stand. Kleinere Stände findet man häufig auch auf kongreßbegleitenden Ausstellungen, Hausmessen und Roadshows.

Ein kleinerer Messestand muß sich nun nicht unbedingt dadurch auszeichnen, daß er ohne Marketing- und Messekonzept langweilig gestaltet ist. Gerade kleinere Stände können im Marketing-Mix eines Unternehmens eine wichtige Rolle einnehmen, insbesondere, wenn das ausstellende Unternehmen in neue Märkte hinein will oder Exportmärkte für sich aufbauen möchte.

Kleinere Stände sind fast immer modulare oder mit Systemen gestaltete Stände, für die aber der kompetente Messebaupartner heute ausgezeichnete messezielgerechte Designlösungen anbieten kann, meist über CAD erstellt. Neuerdings bieten sich für diese Art Stände aber auch zunehmend die weiterentwickelten faltbaren und modularen Display-Systeme an.

Mobiles Marketing ist die Idee, alle Kostenfaktoren, die die Präsentation eines Unternehmens verteuern – wie Auf- und Abbau, Transport- und Lagervolumen, Fremdkosten für den Aufbau kleiner Einheiten – so niedrig wie möglich zu halten und der Visualisierungsaufgabe gleichzeitig eine dominante Rolle zu geben. Ganz wesentlich für das Konzept „mobiles Marketing" ist der Zweitnutzen, der Synergien in Ihrem Unternehmen bewirkt und zu einer verstärkten Vernetzung der Marketing-Maßnahmen führt. Nicht die Messebauabteilung, nicht die Verkaufsförderung oder der Außendienst, nicht die PR-Abteilung oder die Werbeagentur planen autark jeweils nur für einzelne Aufgabenbereiche, sondern die Visualisierungslösungen werden aufeinander abgestimmt. Gestaltungen mit zielgruppengenau abgestimmten Austauschteilen lassen eine vernetzte Nutzung für die verschiedenen Abteilungen zu. Diese müssen ihre unterschiedlichen Anforderungen definieren, so daß ein genaues Konzept für die Gestaltung einer flexiblen und variablen Firmen- und Produktpräsentation mittels Display-System entwickelt werden kann.

Schlüssig werden müssen Sie sich über die Einsatzzwecke und -funktionen:
• Information und plakative Darstellung
• Produktpräsentation, Produktvorführung
• Verkostungen
• Gespräche und Verhandlungen
• Erstkontakte

Wie groß müssen dann die Dekoflächen bzw. -tafeln sein, gibt es die Möglichkeit, Regale, Theken usw. aufzustellen? Wie oben gesagt, kann das Aussehen des Standes erst nach der Klärung der Aufgaben, die der Stand erfüllen soll, geplant werden. Umgekehrt kann ein einmal erstellter Stand keine andere Funktion übernehmen. Leider fällt einigen Kollegen im Unternehmen kurzfristig vor einer Messe gerne noch etwas ein. Gerade ein kleiner Stand sollte auf diese Wünsche nicht eingehen, da damit die Kommunikationsaussage verwässert wird.

Der Ort des Geschehens spielt eine große Rolle beim Einsatz von Display-Systemen. Ein Stand muß im Rahmen seines Einsatzes geplant werden:
• drinnen oder draußen

- Foyer
- Ausstellungsraum
- Messehalle
- Lagerhalle
- Supermarkt, Kaufhaus
- Hotel
- Kassenraum einer Bank
- Museum
- Fußgängerzone
- Einkaufszentrum
- Eisenbahn, LKW
- Flughafen, Bahnhof

Wieviel Fläche steht zur Verfügung, gibt es allgemeinen Publikumsverkehr, wie sind die Lichtverhältnisse? Die Auswahlkriterien für das System sind nun stichwortartig u.a.: Stabilität, Bauhöhe, Wind- und Wetterfestigkeit, Anbau- oder Verkleinerungsmöglichkeit, Beleuchtungszubehör.

Mitentscheidend ist die Dauer der einzelnen Einsätze und die Häufigkeit des Auf- und Abbaus, was hohe Anforderungen an die Haltbarkeit insbesondere der Verbindungstechnik stellt.
Die Frage ist zudem, wieviel Aufwand und Zeit für den Auf- und Abbau und das Anbringen der möglichst robusten Dekoration benötigt wird.
Davon ist auch abhängig, wer den Auf- und Abbau sowie den Transport vornimmt – Messebaufachleute, Dekorateure, das eigene oder fremdes Verkaufspersonal?
Ist das System anfällig für Beschädigungen, gibt es Möglichkeiten zur Reparatur?
Steht ein Transportfahrzeug zur Verfügung oder nur ein PKW?
Gewicht und Volumen wie auch die Transportverpackung sind hier die Auswahlkriterien.

Schwierigkeiten bereitet oft auch die Suche nach dem richtigen Standbau-Partner.
Bei Ihrer Entscheidung sollten Sie folgende Kriterien berücksichtigen:
- Größe des Standes
- Größe des Standbau-Unternehmens
- Referenzen des Standbau-Unternehmens
- Arbeitsweise des Standbau-Unternehmens (System, Modul, konventionell)
- eigene Designabteilung
- eigene Werkstätten und Montagemitarbeiter
- finanzielle Ausstattung

- Standort des Messebauunternehmens
- Transportwege zum Messeort
- Erfahrungen mit der Branche
- Budget für Entwurfs- und Planungskosten
- Full-Service oder nur Standbau
(weitere Infos: s. FAMAB Jahresbericht)

Und vergessen Sie bitte eines nicht: Für die Planung Ihres Standes müssen Sie die Technischen Richtlinien des Veranstalters berücksichtigen! Bauhöhen, Brandschutzbestimmungen, Statik sind unverrückbare Vorgaben, an denen schon manch kreative Idee gescheitert ist, weil zu spät daran gedacht wurde!

T

Technische Richtlinien

Nachdem Sie sich zu einer Messe angemeldet haben, erhalten Sie vom Veranstalter zusammen mit Ihrer Zulassung die „Technischen Richtlinien". In diesen Unterlagen – meistens in Form einer Broschüre – sind alle Informationen zum Bau und der technischen Durchführung der Messe und der Messestände zusammengetragen.

Meistens bestehen die Unterlagen aus zwei Teilen:
Der erste Teil beinhaltet die Technischen Richtlinien und Sicherheitsbestimmungen, der zweite Teil beinhaltet die Auftragsformulare für alle Dienstleistungen und Produkte, die über den Veranstalter bestellt werden können oder müssen.

Mit diesen Richtlinien wollen Veranstalter und Messegesellschaften den Ausstellern die optimale Gelegenheit geben, ihre Exponate darzustellen und ihre Besucher und Interessenten anzusprechen.
Gleichzeitig geht es bei den Sicherheitsbestimmungen darum, im Interesse der Besucher und der Aussteller ein Höchstmaß an Sicherheit bei der technischen und gestalterischen Ausrüstung der Veranstaltung zu gewährleisten. So sind die Sicherheitsbestimmungen mit den zuständigen kommunalen Bauordnungs- und Brandschutzbehörden abgestimmt und unterliegen dem jeweiligen Landesrecht.

Die erlassenen Richtlinien und Bestimmungen sind bindend für alle Aussteller. Die Messegesellschaften und Veranstalter prüfen die Einhaltung teilweise selbst, teilweise werden auch TÜV und andere Institutionen mit der Prüfung beauftragt.

Sollten Sie einschlägige Bestimmungen nicht eingehalten haben, so kann im schlimmsten Fall die Inbetriebnahme Ihres Standes oder eines Teiles davon solange untersagt werden, bis Sie den beanstandeten Mangel beseitigt haben. Aus diesem Grund empfiehlt es sich, in diesem Punkt sehr sensibel zu sein.

Sie sollten schon zum Ausschreibungszeitpunkt mit Ihren möglichen Messebaupartnern klären, ob diese die Bestimmungen kennen und vorliegen haben. Weisen Sie darauf hin, daß die Bestimmungen selbstverständlich bereits bei den Vorentwürfen für Ihren Messestand berücksichtigt werden müssen: Was nützt Ihnen die schönste Planung, wenn sie bei der Durchführung nicht genehmigt werden wird?!

Spätestens bei der Auftragsvergabe an Ihren Messebaupartner sollten Sie ihm die Technischen Richtlinien zur weiteren Bearbeitung aushändigen. Der Messebaupartner wird dann in Absprache mit Ihnen die Auftragsformulare für die beim Veranstalter zu bestellenden Leistungen bearbeiten und termingerecht einreichen. Die detailgenaue Abstimmung der für den Stand benötigten Anschlüsse für Strom, Wasser, Telekommunikation, u.a. ist für die termingerechte und einwandfreie Fertigstellung Ihres Standes von großer Bedeutung. Kommunikationsfehler können teuer werden. Deshalb empfiehlt es sich, alles in eine verantwortliche Hand zu legen.

Bislang hatte jede Messegesellschaft und jede Veranstaltungsorganisation weltweit ihre eigenen Richtlinien und einen individuellen Aufbau in der Ordnung der Bestimmungen. Dadurch mußte man sich für jede Messe und jeden Messeort neu in die jeweiligen Unterlagen einlesen und einarbeiten.

Vor kurzem haben sich die großen deutschen Messeplätze nun darauf verständigt, ihre Technischen Richtlinien – insbesondere auch die Umweltschutzbestimmungen – zu vereinheitlichen. So werden die in Zukunft neu zu druckenden Technischen Richtlinien in folgendem Gliederungsschema aufgebaut sein:

Vereinheitlichtes Gliederungsschema der Technischen Richtlinien

1. Vorbemerkungen
Hausordnung,
Öffnungszeiten,
Auf- und Abbauzeiten,
Veranstaltungslaufzeit.

2. Verkehr auf dem Messegelände, Rettungswege, Sicherheitseinrichtungen
Angaben über Verkehrsordnung, Rettungswege und Feuerwehrbewegungszonen,
Notausgänge und Hallengänge,
Standnumerierung,
Bewachung.

3. Technische Daten und Ausstattung der Hallen und des Freigeländes
Informationen über Beleuchtung, Strom, Stromarten, Wasser,
Kommunikationseinrichtungen,
Heizung, Lüftung, Sprinkler,
Fundamente.

4. Standbaubestimmungen
Standbausicherheit,
Standbaugenehmigungen und Prüfungsregularien,
Bauhöhen,
Brandschutz- und Sicherheitsbestimmungen,
mit Ausführungen über Standbau- und Dekorationsmaterialien,
Verwendung von explosionsgefährlichen Stoffen, Pyrotechnik, Luftballons,
Nebelmaschinen, u.a.,
Aussagen über die Verkehrslasten, über Rettungswege und Treppen, Gestaltung
und Ausführung von Obergeschossen.

**5. Technische Sicherheitsbestimmungen, Technische Vorschriften,
Technische Versorgung**
Einsatz von Arbeitsmitteln,
Elektroinstallation,
Wasser- und Abwasserinstallation,
Druckluftinstallation,
Maschinen-, Druckbehälter- und Abgasanlagen,
Verwendung von Druckgasen, Flüssiggasen und brennbaren Flüssigkeiten,
Asbest und andere Gefahrstoffe,
Film-, Lichtbild-, Televisionsvorführungen und sonstige Präsentationen,
Strahlenschutz,
Kräne, Stapler, Leergut,
Musikalische Wiedergaben,
Getränkeschankanlagen,
Lebensmittelüberwachung.

6. Umweltschutzbestimmungen
mit Informationen zur Abfallwirtschaft, Abfallentsorgung, Reinigung, besonders
überwachungsbedürftiger Abfälle.

Trotz dieser Vereinheitlichung in der Gliederung ist darauf zu achten, daß es weiterhin Unterschiede in individuellen hallenspezifischen oder messeortspezifischen Bestimmungen geben kann, da das deutsche Baurecht Landesrecht ist. Dadurch können sich einzelne Ausführungsbestimmungen erheblich voneinander unterscheiden.

U

Umwelt

Bewahrung und Schutz unserer Umwelt ist eine der großen Herausforderungen unserer Zeit. Die Agenda 21 als Grundlage für das Thema der EXPO 2000 – Mensch, Natur, Technik – ist ein guter Beleg für diese Aussage.

Umweltschutz ist aber auch ein wirtschaftliches Betätigungsfeld geworden, was durch die Zahl von fast 40 Messeveranstaltungen in Deutschland und mehr als 130 Veranstaltungen weltweit zum Thema „Umwelt" eindrucksvoll belegt wird.

Und da die Messebaubranche hierdurch nicht unerheblich beschäftigt wird, entbehrt es durchaus nicht der Logik, wenn sie sich auch intensiv mit diesem Thema und den Auswirkungen auf ihre Arbeit auseinandersetzt.

Der FAMAB – Fachverband Messe- und Ausstellungsbau e.V. in Deutschland – beschäftigt sich mit diesem Thema bereits seit etwa acht Jahren, und hat verschiedene Aktivitäten in dieser Richtung initiiert.
Ende 1994 veröffentlichte der AUMA – Ausstellungs- und Messe-Ausschuß der deutschen Wirtschaft – unter Mitwirkung des FAMAB die Publikation „Der umweltverträgliche Messeauftritt". Diese sollten Sie sich unbedingt beim AUMA zur Vorbereitung Ihres nächsten Messeauftritts anfordern.

Das Ziel der Anstrengungen ist sicher nicht „der ökologische Messestand", weil es den im engeren Sinne nicht geben wird. (Man kann allerdings heute manchmal den Eindruck gewinnen, daß ein Messestand allein deshalb als „ökologisch" bezeichnet wird, weil er aus Holz gebaut ist und keine Kunststoffbecher für die Besucherbewirtung eingesetzt werden.)
Ziel muß es sein, Aussteller und Messebauunternehmen in ihren Anstrengungen zu unterstützen und sie weiter dahingehend zu sensibilisieren, ihre Messeauftritte immer umweltverträglicher zu gestalten und zu planen.

Über den entscheidenden Faktor hierbei – die Planung und das Briefing des Designers – im folgenden einige eingehendere Informationen.

Kurz ausgedrückt geht es um folgendes:
Wenn der Messebau-Designer sich nicht einiger entscheidender Faktoren bewußt ist, die er bei Entwurf und Planung des Messestandes wissen und berücksichtigen muß, dann werden in den nachfolgenden Bereichen Produktion und Montage umweltbelastende und kostentreibende Folgen entstehen, die dann von diesen Abteilungen nicht mehr verhindert werden können.

Ausgehend von dieser These möchten wir Sie hinführen zu einigen Faktoren bezüglich des notwendigen Planungsprozesses bei der Erstellung eines Messestandes und des Briefings für den Standdesigner und den Standbaubetrieb.

1. Beteiligungsziele

Am Anfang des Planungsprozesses für einen Messestand steht selbstverständlich die Definition und Klärung der Beteiligungsziele!

Im **Standbriefing** müssen Sie Ihre Messebeteiligungsziele benennen, damit der Designer die notwendigen und hinreichenden Informationen hat, um einen Stand entwerfen zu können, der nicht nur ein schön gestaltetes Stück Architektur ist, sondern auch ein kreativ-schöpferisches und funktionales Marketingwerkzeug, das Ihnen hilft, Ihre Messe- und Marketingziele umzusetzen und zu erreichen!!

„*Form follows function*" – dieser Designer-Lehrsatz aus dem Bauhaus muß für den Messebau so interpretiert werden, daß der Standbau durch das Kommunikationskonzept bestimmt wird! Dieses Kommunikationskonzept muß für den Standdesigner aus Ihrem Briefing verständlich werden! Denn: Die Designer sollen Botschaften und Wertvorstellungen des ausstellenden Unternehmens und nicht ihre eigenen in Standdesign umsetzen.

Im vergangenen Jahr hat der Fachverband FAMAB für die ausstellende Wirtschaft eine kleine Broschüre aufgelegt mit dem Titel „*Vom Messeziel zum Messestand*". Sie enthält Hinweise dazu, wie ein Aussteller seinen Messebaupartner finden und auswählen kann und wie der Planungsablauf inhaltlich und zeitlich gestaltet sein sollte, damit nicht nur kostengünstig, sondern auch umweltverträglich geplant werden kann.

Ganz wichtig ist hierfür eine ausreichend bemessene Planungs- und Vorbereitungszeit.

2. Planungsperiode für die Ausarbeitung des Standkonzeptes

Entgegen aller theoretischen Erkenntnisse wird die Auftragsvergabe für Messestände immer mehr verkürzt. Die Ursachen hierfür sind vielfältig und sind zurück-
zuführen auf Planungsunsicherheiten beim Aussteller bis zu kostendrückendem
Einkaufsverhalten. Der Effekt bei den Messebauunternehmen hieraus ist allerdings
in zweifacher Hinsicht kontraproduktiv:

1. Ökonomisch: Je kürzer die Zeitspanne, desto geringer die Möglichkeiten, notwendige Materialien und Arbeitsressourcen günstig zu beschaffen und die Bau-
   durchführung effektiv zu planen.
2. Ökologisch: Je kürzer die Zeit, desto geringer die Chance, daß der Designer neue
   kreative, umweltverträglichere Lösungen und Materialien findet und beschaffen
   kann.

3. Materialien für den Standbau

Je mehr Zeitvorlauf Designer und Messebauunternehmen haben, desto mehr Möglichkeiten bestehen, die Umweltbelastung oder Umweltverträglichkeit von den im
Messebau eingesetzten Materialien zu überprüfen und zu bewerten.

Es gibt bereits erste Verfahren, die über 1.000 für den Standbau eingesetzten
Materialien nach ökologischen Bewertungskriterien in Datenbanken zu katalogi-
sieren. Wenn diese Werte zukünftig dann auch in unseren EDV- und CAD-Anlagen
abgespeichert sind, dann kann der Designer bereits im Entwurfsstadium nicht nur
Kosten-, sondern auch Umweltverträglichkeitsaspekte berücksichtigen und Alternativen bedenken und zwar, bevor etwas eingekauft oder gar produziert ist.

Zum Punkt „Materialien für den Standbau" sind folgende Schlagworte kennzeich-
nend:
• wiederverwendbar (Re-usability) und
• wiederzuverarbeiten (Recyclebility).

Daraus ergibt sich die entscheidende Forderung an den Standdesigner: Die große
Herausforderung eines kreativen Standdesigners liegt heute darin, für die Gestal-
tung eines Messestandes, der eine optimale dreidimensionale Manifestation der
Messeziele und des Corporate Design des Ausstellers sein soll, so viel wie möglich
Systembauteile und modulare Bauteile einzusetzen.

4. Vorgaben der Messegesellschaften

Die vorgegebenen Auf- und Abbauzeiten haben einen erheblichen Einfluß auf die am Messeplatz entstehenden Kosten und die Möglichkeiten zum umweltverträglichen Bauen.

Ein weiterer entscheidender Punkt liegt in der angestrebten Vereinheitlichung der technischen Bestimmungen. Ein Beispiel verdeutlicht, warum auch dieser Punkt mit Ökonomie und Ökologie im Standbau zu tun hat:

Wenn durch einheitlichere Baubestimmungen gewährleistet ist, daß auf allen Messeplätzen, die ein Aussteller besuchen will, sein modular gestalteter Stand mit der modular angelegten Standbeleuchtung, Wand-, Treppen- und Deckenkonstruktion ohne Umbauaufwand eingesetzt werden kann, dann ist das nicht nur für das Budget des Ausstellers gut, es spart auch Ressourcen und erhöht die Sicherheit bei der Standmontage.

• Standmontage,
• Verpackung,
• Transport und
• Lagerung des Standbaumaterials
sind weitere Einflußfaktoren auf die Umweltverträglichkeit einer Messebeteiligung. Auf diese Punkte wird unter dem Stichwort „Logistik" näher eingegangen.

In diesem Zusammenhang können wir feststellen, daß im Messe- und Ausstellungsbau in Deutschland und Europa insgesamt bereits seit Anfang der 70er Jahre begonnen wurde, umweltverträglichere Messestände zu bauen, und zwar durch den Einsatz der bereits erwähnten strukturellen und modularen Systembauteile, die viele Male flexibel eingesetzt und wiederverwendet werden.

Das Messewesen in seiner heute in Europa gewachsenen Form wäre ohne Systeme so nicht denkbar. Die dadurch möglichen kurzen Auf- und Abbauzeiten bei dennoch hoher Gestaltungsqualität der Stände sind nur ein Beleg für diese Aussage. Wobei gesagt werden muß, daß in den 60er Jahren nicht ökologische Gründe ausschlaggebend für die Entwicklung von Systemen waren.

V

Verhalten am Stand

Eine Messe ist eine Ausstellung von Menschen für Menschen. Wenn Sie alles gut geplant haben, einen hervorragenden Messestand haben, Attraktionen für die Besucher bieten etc., dann brauchen Sie nur noch Mitarbeiter, denen die Arbeit Freude macht und die Ihre Ideen vor Ort umsetzen. Die Aufgaben der Mitarbeiter am Stand sind vielfältig:

- Repräsentation des Unternehmens
- Ansprechpartner für Besucher
- Kontaktaufbau
- Beratung von Besuchern
- Service für Besucher
- Motivator
- Abstimmung mit dem Team
- Aufnehmen von Adressen und Informationen und Weiterleiten an Kollegen
- Fit halten
- Wettbewerbsbeobachtung

Messebesucher sind keine Maschinen, die ein geplantes Programm abspulen. Sie sind Personen mit einem Interesse und einer bestimmten Absicht. Und sie sind Menschen mit Gefühlen und Schwächen. Wenn auch gemeinhin die Annahme verbreitet ist, Entscheider seien geradlinige Menschen, die knallhart und unbeirrt dem Wohle ihres Unternehmens dienen und daher ihren Besuch exakt vorausplanen, so ist es doch so, daß in unbeobachteten Augenblicken auch Faulheit, Spieltrieb, Ratlosigkeit, Sehnsucht nach Lob und Anerkennung und Eitelkeit ihren Tribut fordern.

Sicherlich antworten Führungskräfte auf die Frage, wie durchgeplant ihr Messebesuch ist, mit „zu 80%", denn die Ernsthaftigkeit des Messebesuchs muß schließlich begründet werden. Glücklicherweise – für den Aussteller wie auch für das Unternehmen des Entscheiders – lassen diese auf der Messe dann aber auch einmal

„fünfe gerade sein" und spazieren durch die Hallen, um wahllos neue Eindrücke und kreative Ideen zu sammeln.

In diesen Augenblicken kann ein neuer (unvermuteter) Kontakt aufgebaut werden. Machen wir uns daher zunächst die Situation des Messebesuchers klar:

✅ Sachbezogene Motive des Besuchers

☐ Informationsbedürfnis
☐ Begutachtung von Produkten
☐ Wettbewerbsvergleich
☐ Kaufverhandlung

Diese Sachmotive sind schnell gestillt. Jeder, der jemals eine Messe besucht hat, weiß, daß er dort mit Informationen geradezu bombardiert wird. Die Aufnahmefähigkeit ist andererseits stark begrenzt. Deshalb haben Sie nur eine Chance, in der Erinnerung Ihres Besuchers zu bleiben, wenn Sie ihn gewissermaßen „fesseln". Sie müssen ihn animieren. Das schaffen Sie nur begrenzt durch Sachinformation.

Schauen wir uns die Beziehungsebene des Besuchers an. Über die spricht er nur selten:

✅ Emotionale Motive des Besuchers

☐ Beachtung, Aufmerksamkeit erregen
☐ Lob, Anerkennung bekommen
☐ Rollenzwang vergessen
☐ Spielen und staunen
☐ Angeben
☐ Erotik erleben
☐ Amüsement, Unterhaltung suchen

Wer erfolgreich auffallen will, muß den Messebesucher auf der emotionalen Ebene packen. Das ist nicht leicht, denn Sie haben hierfür nur etwa sechs Sekunden Zeit: Forschungen haben ergeben, daß der Mensch nach ca. sechs Sekunden entschieden hat, ob eine Person oder eine Situation ihm sympathisch ist oder nicht. Kompetenz schreiben Menschen zu 99% anderen aber wiederum nur dann zu, wenn sie sie sympathisch finden. Wir können daher die für viele schockierende These aufstellen:

**Bewertungsschema des Besuchers:
Sympathie = Kompetenz**

Wenn wir unseren Besuchern unsere Kompetenz demonstrieren wollen, müssen wir ihre Sympathie gewinnen. Dazu gibt es zunächst einige standtechnische Werkzeuge:

* gemütlicher Stand
* warme Farben
* Blumen
* eindeutige, kurze Aussagen
* Spiele
* faszinierende Ausstellungsstücke
* originelle Give aways
* Bewirtung

Doch in erster Linie sind es die Menschen, die Sympathie erzeugen können oder nicht. Die schwere Aufgabe des Messeteams ist es, die wenigen Sekunden zur Sympathiebildung positiv zu beeinflussen. Machen wir uns klar, was einem Gesprächspartner Informationen über sein Gegenüber gibt:

Nicht-sprachlich:	Sprachlich:
Mimik	Stimme:
Gestik	– Lautstärke
Blickkontakt	– Modulation
Körperhaltung	– Höhe
Händedruck	Sprache:
Frisur, Bart	– Wortwahl
Fingernägel	– Satzbau
Körperform	– Aussprache, Dialekt
Make up, Brille	– Fachbegriffe
Kleidung	– Trendbegriffe
Schmuck/Uhren, Accessoires	
Geruch	
Gebrechen	

Wir machen uns aus den oben aufgeführten Bausteinen ein Bild des Menschen. Dieses Bild ist sicherlich nicht die „Wahrheit", es wird für uns eine Gewißheit. Steht beispielsweise auf der Messe ein Mann im Blaumann, werden wir ihn möglicherweise nicht ansprechen, wenn wir eine Verkaufsverhandlung führen wollen. Obwohl es der Chef des Unternehmens sein kann.

Das Bild, das Sie dem Kunden geben, sollten Sie so beeinflussen, daß die Wahrscheinlichkeit einer positiven Interpretation gegeben ist. Gerade bei der Debatte um die Standkleidung wird häufig ins Feld geführt, es käme doch auf die Inhalte an, nicht auf Äußerlichkeiten. Das ist so etwas wie ein imperativer Appell an alle zukünftigen Standbesucher, sich um Äußerlichkeiten nicht zu kümmern. Der Kunde aber ist eigensinnig und wird sich sein Bild auf der Basis seiner Vorurteile machen.

Früher hatte ich einen Vollbart und einen Kollegen, der der Ansicht war, wer einen Bart trage, habe etwas zu verbergen. So ein Satz trifft zwar immer zu, jeder – auch Nicht-Bart-Träger – hat irgend etwas zu verbergen! Auf einer Messe hätte ich diesem Kollegen aber sicher nichts verkaufen können.

Achtung: Der Kunde richtet sich nach seinen Vorurteilen, nicht nach Ihren!

Im wesentlichen sind es Menschen, die Sympathie vermitteln. Das Verhalten des Standpersonals kann sehr schnell Sympathie signalisieren. Durch frühkindliche Erfahrungen lernen Menschen bestimmte Muster, die ihnen Liebe, Aufmerksamkeit und Beachtung vermitteln: Das sind im wesentlichen:

• Blickkontakt
• Lächeln
• Ansprache
• Sich vorstellen
• Besucher mit Namen ansprechen

Die meisten Menschen haben durch ihre Eltern genau diese Verhaltensweisen erfahren und werden durch sie angezogen. Allerdings gibt es gar nicht so viele Menschen, die diese Verhaltensweisen problemlos anwenden können, da wir auch gelernt haben, uns durch Wegschauen, keine Miene verziehen und schweigen vor der Außenwelt zu schützen.

Lächeln und Blickkontakt erfordern daher Sicherheit: Ich kann dann lächelnd und Aug in Aug auf Menschen zugehen, wenn ich sie sympathisch finde, oder wenn ich meiner selbst sicher bin. Diese Menschen gibt es nicht zu häufig.

> **Sympathie gewinnen**
> **Fragen/Informationen sammeln**
> **Besucher informieren**
> **Folgeaktivitäten vereinbaren**

Obiges Schema macht den Ablauf deutlich: Haben Sie die Aufmerksamkeit und Sympathie eines Besuchers gewonnen, müssen Sie ihn nun ansprechen: Dabei empfiehlt es sich, zunächst eine Frage zu stellen, die er nicht mit „nein" beantworten kann. Ein anfängliches „nein" ist zu häufig das Gesprächs-k.o. Fragen Sie also nicht: „*Kann ich Ihnen helfen?*" sondern stellen Sie offene, konkrete Fragen:

 Beispiele für offene, konkrete Fragen

Was kann ich für Sie tun?
Wie kann ich Ihnen helfen?
Wie finden Sie diesen Stand?
Was sind Ihre Anforderungen?

Sie können auch experimentieren und ein Gespräch anders anfangen:
Wir haben uns doch schon im letzten Jahr gesehen!
Kommen Sie nicht aus Frankfurt?
Sie haben ja einen tollen Anzug an!

Ihrer Kreativität sind dabei keine Grenzen gesetzt. Messebesucher fühlen sich oft allein und freuen sich über Kontakt und Abwechslung.

Auf vielen Messen dominieren männliche Besucher. Freundliche, lächelnde Frauen, die Männer offen anschauen, sind da eine natürliche Attraktion. Sie erwecken allerdings bei einigen Besuchern auch erotische Gelüste. Es ist wichtig, mit den Mitarbeiterinnen vorher hierüber zu reden und Szenarien und Entgegnungen zu entwickeln. Denn durch selbstbewußtes Auftreten kann man solche Situationen oft entschärfen, bevor es – auch für den Besucher – peinlich wird. Wichtig ist auch, daß durch solche Entgleisungen die Mitarbeiterinnen nicht den Spaß an der Messe verlieren.

Auf „*Wie wär's mit uns beiden?*" kann ein fröhliches und lautes: „*Was würden Sie Ihrer Tochter als Antwort raten?*" Wunder wirken. In einem eingespielten Team kann man auch Signale verabreden, bei denen Kollegen eingreifen sollen.

In der kurzen Fragephase sollte der Standmitarbeiter herausbekommen
• von welchem Unternehmen der Besucher kommt
• welche Position er einnimmt/ob er zur Zielgruppe gehört
• wie stark sein Interesse ist.

Da nicht zu viele Mitarbeiter am Stand vertreten sein sollten, gehört es zum Geschick der Stand-Crew, freundlich und auf den Punkt hin zu arbeiten. Es gibt „Messetouristen", die ganze Mannschaften in fröhliche Gespräche verwickeln, die aber nie etwas kaufen. Hier muß Freundlichkeit und professionelle Kürze kombiniert werden.

Die Fragen zur Person sollten ganz direkt gestellt werden:

 Fragen zum Unternehmen

In welcher Branche arbeiten Sie?
Wie heißt Ihr Unternehmen?
Was stellen Sie/stellt Ihr Unternehmen her?

 Fragen zur Position

In welcher Abteilung arbeiten Sie?
Welche Projekte leiten Sie?
Mit welchen Aufgaben sind Sie betraut?

 Fragen zum Interesse

Welche Fragen haben Sie?
Wo wollen Sie ... einsetzen?
Haben Sie konkreten Bedarf oder möchten Sie grundsätzliche Information?

V

Viele Standmitarbeiter versuchen eine indirekte Befragung, als hätten sie Angst, der Besucher könne glauben, sie wollten etwas verkaufen. Sie wollen durch den Messeauftritt etwas verkaufen. Fragen Sie daher lieber direkt. Wenn Sie versuchen, um den heißen Brei herumzureden, bekommen die Besucher oft ein unangenehmes Gefühl und verlassen fluchtartig Ihren Stand.

In dieser Gesprächsphase brauchen Sie neben der Fragetechnik noch eine weitere Technik: Das aktive Zuhören! Wer diese Techniken beide beherrscht, kann Gespräche lenken. Sie kennen die Regel:

Wer fragt, der führt!

Wie in einem Tennisspiel, in dem einer in der Feldmitte steht und die Bälle nach links und rechts verteilt, während der andere wie ein Hase hin und her läuft, verteilt der Frager die Bälle und kann den Gesprächspartner in die richtigen Richtungen lenken. Durch gutes Zuhören erkennt er den Ansatzpunkt für die nächste Frage in den Ausführungen des Gegenübers.

Der Unterschied zwischen aktivem Zuhören und bloßem Zuhören ist, daß Sie aktiv Ihren Gesprächspartner animieren, weiterzusprechen, und daß Sie daran arbeiten, die gegebenen Informationen zu beachten und auszuwerten.

Aktives Zuhören auf dem Messestand ist besonders schwer, da Sie beim Gespräch laufend gestört werden, die Umgebung unruhig ist und die Luft schlecht. Trotzdem hängt es von Ihnen ab, ob die Gesprächspartner Ihr Unternehmen interessant finden oder nicht. Meistens reden die Verkäufer auf dem Stand zu viel. Ihr Ziel ist es oft, die eigene Kompetenz nachzuweisen. Leider wird dadurch das Gegenteil erreicht.

✔ Was gehört zum aktiven Zuhören?

☐ Zuhörsignale wie „mmh", „aha", „ja", Kopfnicken etc.
☐ Blickkontakt zum Gesprächspartner
☐ Ruhige Körperhaltung
☐ Gesprächspartner nicht unterbrechen
☐ Rückfragen
☐ Aussagen des Gesprächspartners zusammenfassen
☐ Gesprächspausen aushalten

Die ganze Standcrew muß darauf ausgerichtet sein, von den Standbesuchern Informationen zu gewinnen und Marktchancen in Erfahrung zu bringen. Daher ist es wichtig, das Gespräch nicht durch Unruhe zu belasten. Der Gesprächspartner muß spüren, daß Sie sich ihm ganz widmen.

Die meisten Menschen trachten im Gespräch danach, sich selbst zu spüren, indem sie ihre Gedanken in dem Gespräch sortieren – nach dem Motto: Ich rede, dadurch verstehe ich mich! Diese Erklärungen sind nicht strukturiert und etwas zufällig, aber der Sprecher ist zumeist damit zufrieden, weil er ja viel mehr im Kopf hat. Die Schwierigkeit besteht in der Umsetzung.

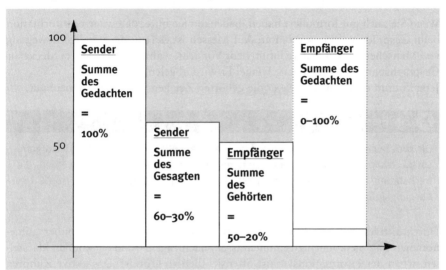

Abb. 17 Informationsverluste zwischen Sprecher (Sender) und Zuhörer (Empfänger)

Der größte Informationsverlust erfolgt in der Person des Senders, der sehr viele Informationen im Kopf hat, diese aber nur sehr reduziert in Worte fassen kann. Floskeln wie: *„Das kann man mit Worten nicht beschreiben"*, oder *„Ich weiß nicht, wie ich es ausdrücken soll"* belegen die Schwierigkeit, die Welt unserer Gedanken zu formulieren.

Viele Menschen machen sich über diesen Informationsverlust keine Gedanken und glauben, daß sie alles gesagt haben, was sie im Kopf hatten. Sie sind dann entsetzt, wenn der Empfänger ihrer Nachricht erklärt, Dinge nicht verstanden zu haben oder eben anders handelt als vom Sender gewollt.

Unter Streß funktioniert unser Gehirn noch langsamer: Die Hormone Adrenalin und Noradrenalin, die bei Streß ausgeschüttet werden, haben gerade die Aufgabe, unser Gehirn weitestgehend lahmzulegen. Was für den Steinzeitmenschen lebensrettend war, angesichts des Tigers ohne störende Nebengedanken flüchten zu können, ist für den modernen Menschen auf der Messe hinderlich. Das Gehirn kombiniert nicht mehr richtig, es greift auf fertige Floskeln zurück. Diese Floskeln allerdings müssen vorbereitet werden – dazu dient das Messetraining. Die meisten Menschen glauben, im Praxisstreß Sprechsituationen gut zu bewältigen. Ihnen sei geraten, sich bei Gesprächen auf Band aufzunehmen und diese ab und zu abzuhören.

Wenn Sie auch gut formuliert haben, bedenken Sie bitte, daß weniger Information beim Gesprächspartner ankommt: Auf Messen ist es laut, die ständige Bewegung von Menschen zwingt andere intuitiv zur Vorsicht, während Sie reden, entdeckt Ihr Gesprächspartner laufend neue Dinge: Er wird abgelenkt!
Jetzt kommt es darauf an, wie er die gehörten Zeichen wieder zusammenbaut.

 Ein Beispiel

Die drei Buchstaben „ECR" kann auf der CeBIT ein Mitarbeiter einer Handelsorganisation eventuell auch bei Lärm aufnehmen und verstehen. Andere werden die Buchstaben zu ICE, Äther oder sonst etwas zusammensetzen, womit 100% der Ausgangsinformation verloren sind.

Durch aktives Zuhören können Sie genau verfolgen, was Ihr Gegenüber aufgenommen hat: Sie können zusammenfassen, nachfragen – und Sie können klarstellen, wenn der Informationsverlust offensichtlich zu groß ist. Das aktive Zuhören bringt Sie zudem in die Lage, die Voraussetzungen anderer Menschen zu erkunden, um ihnen jeweils die Informationen zu geben, die Sie brauchen können. Zumindest auf Messen gilt: Wenn Ihr Gesprächspartner Sie nicht versteht, haben Sie Pech gehabt – und genauso Ihr Unternehmen.

Ein Beispiel

Als ich 1987 das erste Mal auf der CeBIT war, weil ich das Gefühl hatte, ich könnte einen Computer gebrauchen, aber noch nicht richtig wußte, wozu, ging ich auf den Stand eines bekannten Herstellers und wollte fragen, wie mir so ein Gerät bei meinen Aufgaben helfen könne. Die Frage konnte ich nicht stellen, denn schon nahm mich der Mann beim Arm, setzte sich vor einen Monitor und begann, wie Horowitz, sein Keyboard zu bearbeiten. Dabei hörte ich Begriffe wie Megahertz, Geschwindigkeit, CPU, RAM, die mir alle eins sagten: Hier will sich einer auf meine Kosten selbst bestätigen! Schleunigst verabschiedete ich mich.

Wenn Sie wissen, was der Besucher will, können Sie ihn auch zielgenau informieren. Erzählen Sie nicht das Blaue vom Himmel herunter! Er ist dankbar für kurze, präzise Informationen. Das kann und sollte man mit der Crew vorher üben! Wenn ein Kunde mit erkennbarem Kaufinteresse darüber hinaus weitere Fragen hat, sollten Sie entweder auf einen Spezialisten am Stand verweisen oder gleich einen Außendiensttermin ausmachen. Bei diesem Informationsgespräch können Sie dem Besucher auch, falls vorhanden, Getränke oder einen Snack anbieten.

Bei dem informativen Gespräch, bei dem Sie den Hauptteil des Gespräches bestreiten, sollten Sie auch immer wieder rückfragen, um sicherzustellen, daß Sie Ihren Kunden nicht verloren haben:
* *Habe ich mich verständlich ausgedrückt?*
* *Ist das eine Antwort auf Ihre Frage?*
* *Trifft das Ihre Erwartungen?*

Vermeiden Sie möglichst jeden Gesprächs „blockierer". Das sind diejenigen Sprachelemente, die Ihrem Gesprächspartner verdeutlichen, daß Sie seine Ansichten in Frage stellen, ablehnen oder gar albern finden:
* *Ja, aber ...*
* *Wie kommen Sie denn darauf?*
* *Nein, das stimmt nicht!*
* *Sie sind nicht vom Fach, oder?*
* *Das hab ich ja noch nie gehört!*

Durch solche Blockierer entfernen sich Gesprächspartner emotional voneinander. Bei einer Messe kann sehr schnell die Kontaktchance versiegen. Der am häufigsten verwandte Blockierer heißt „ja, aber ...". Diese Floskel wirkt fast immer unangenehm, signalisiert sie doch deutlich, daß der Gesprächspartner die gehörten Worte nicht akzeptiert, bzw. nicht einmal bereit ist, zuzuhören geschweige denn nachzudenken.
Dabei gibt es wunderbare Ersatzfloskeln, die das gleiche meinen, jedoch – fast wie ein Judokämpfer – die Kraft des Kundenbeitrages mitnehmen:
* *Ja, Sie haben recht! Gerade in diesem Falle sollte doch auch ...*
* *Ja, das ist interessant! Wenn es sich für Sie so darstellt, ist doch darüber hinaus ...*
Testen Sie diese Satzfiguren! Sie werden staunen, wie reibungslos einige Gespräche laufen.

Noch eine Bemerkung zur Gesprächsphase Diskussion: Viele Menschen glauben, man müsse nur die lexikalischen Bedeutungen von Worten zusammenbauen und schon habe man den Sinn eines Satzes verstanden. Neben der sachbezogenen Seite eines Satzes spiegelt jede Nachricht Wille (Appell), Gefühl (Ich-Ebene) und Beziehung (Du-

Ebene) zum Gesprächspartner wider (*vgl. Schulz v. Thun, Miteinander reden*). Wenn Sie ausschließlich die Sachebene der Rede Ihres Gesprächspartners analysieren, haben Sie große Chancen, ihn nicht zu verstehen.

Sagt einer Ihrer Kunden, Ihr Produkt wäre zu teuer, bringen Sie nicht gleich mögliche Prozente ins Spiel. Zu teuer sagt heute erst einmal jeder. Zunächst bedeutet der Satz einen Vergleich. Ihr Produkt wird möglicherweise mit etwas anderem verglichen. Es kann auch gut sein, daß Ihr Kunde gar nicht die Handlungsbefugnis hat, oder gar nicht verstanden hat, worum es geht.

Es bedarf einer Analyse der häufigsten Einwände, um zu ergründen, welche möglichen Auslöser hinter der Bemerkung stecken. Und wenn Sie die Bemerkung falsch interpretieren, machen Sie die Gesprächssituation für beide Seiten mühseliger und unerfreulicher.

Abb. 18 Die unterschiedlichen Hintergründe von Kundeneinwänden
Wenn Sie beispielsweise auf den Einwand Ihres Kunden „zu teuer" sofort mit Nachlässen reagieren, er jedoch das Gefühl hatte, von Ihnen übervorteilt zu werden, bestätigen Sie ihn in seiner Meinung: Die angebotenen Prozente zeigen deutlich die Höhe der Übervorteilung an! Wenn Ihr Kunde gar nicht entscheiden darf, können Sie lange in der für beide unerfreulichen Situation weiterreden, Sie werden den Abschluß nicht vorantreiben, im Gegenteil: Dieser Besucher wird Sie auch nie mit seinem Chef bekannt machen, da Sie dann ja erfahren, daß er nicht die Bedeutung hat, die er vorgab.

Wenn ein Messebesucher mault: „*Das ist doch gar nicht neu!*", begründen Sie nicht gleich, warum das ausgestellte Objekt doch neu ist. Vielleicht meint er nur: „*Ich kenn' mich aus!*" (Ich-Ebene) oder „*Du siehst zu fröhlich aus*" (Du-Ebene) oder „*Rede mit mir*" (Appell).

Um herauszubekommen, was Ihr Besucher will, fragen Sie! Bei einem „*zu teuer*" fragen Sie: „*Womit vergleichen Sie das?*" bei dem „*nicht neu*"-Einwand: „*Was haben Sie auf diesem Stand erwartet?*" Derlei Fragen zwingen den Besucher regelmäßig zu einer Antwort, aus der Sie seine wirklichen Beweggründe lesen können. Erst wenn Sie genau wissen, wer Ihr Kunde ist und was Ihr Kunde will, können Sie erfolgreich präsentieren. Erfolgreich heißt, daß er die Chance hat, Käufer werden zu können.

Die Messepräsentationen sollten vor der Messe in Workshops ausgearbeitet werden. Im Kapitel Workshop dazu mehr. Hier zumindest die drei wesentlichen Fragen, unter denen Sie Ihre Produkt- oder Leistungsvorstellung durchplanen sollten:
1. Wer steht vor mir?
2. Welche drei wesentlichen Punkte möchte ich ihm mitteilen?
3. Welchen Nutzen hat der Besucher davon?

Die Zeit, die Sie für ein Präsentationsgespräch haben, ist kurz. Planen Sie daher genau, was Sie Ihrem Besucher sagen wollen. Wenn Sie nicht zügig sein Interesse treffen, haben Sie seine Aufmerksamkeit verloren. Besonders die Frage nach dem Nutzen für unterschiedliche Besuchergruppen ist von großer Bedeutung: Wenn Ihr Gesprächspartner das Gefühl hat, daß Sie unverzüglich auf Fragen kommen, die ihn beschäftigen, wird er sich konzentrieren. Wenn Sie dann auch noch in aller Kürze drei wesentliche Punkte benennen, haben Sie die Chance, in seinem Gedächtnis zu bleiben. Gerade bei Erklärungen ist weniger mehr! Je mehr Fakten Sie Ihrem Gesprächspartner auftischen, desto weniger kann er sich merken. Möglicherweise wird er auch unmutig, da er plötzlich bemerkt, daß er sich an einige Punkte des Gesprächsanfangs nicht mehr erinnern kann. Intuitiv wird er es Ihrem Vortrag und nicht seinem Gedächtnis zuschreiben.

Am Ende eines Gespräches muß bei interessanten Besuchern immer eine Folgeaktivität vereinbart werden. Folgeaktivitäten können sein:

✔ Folgeaktivitäten nach der Messe

- ☐ Zusendung von Prospektmaterial
- ☐ Telefon-Anruf (mit Terminvereinbarung)
- ☐ E-Mail
- ☐ Angebotserstellung
- ☐ Außendienstbesuch
- ☐ Einladung des Kunden ins Unternehmen
- ☐ Give away zusenden
- ☐ Zusendung von Artikeln, Veröffentlichungen
- ☐ Gemeinsamer Workshop

Die Planung einer Messe entspricht einer Theaterinszenierung: Sprechen Sie vor der Messe mit der Messecrew die Einsätze, Standorte etc. genau durch. Auch die Auftritte der einzelnen Mitarbeiter sollten besprochen werden.

Schlechte Luft, zu viele Reize, zu viele Gespräche etc. führen zu einer starken Ermüdung: Das Standpersonal muß deshalb auch Ruhephasen haben, in denen es am besten die Halle verläßt! Viel zu oft sieht man vor allem am Nachmittag alle Sitzplätze des Messestands von eigenen Leuten besetzt. Müdigkeit und Anstrengung führen zu ausgelassener interner Albernheit, Kunden „stören" dann nicht mehr gerne.

Messen stellen hohe Anforderungen an die Mitarbeiter. Werden diese zur Teilnahme gezwungen, werden die Kunden wenig Freude haben.

✗ Ein Beispiel

Eine große Versicherung klagte, es sei so schwer, Mitarbeiter für die Messe zu gewinnen. Sie müßten immer einige kurz vor den Messen verpflichten. Denn immerhin sei normalerweise um 16.00 Uhr Feierabend, auf den Messen kämen die Mitarbeiter aber erst nach 19.00 Uhr nach Hause.

 Unser Tip: Wenn Sie Ihre Leute nicht für eine Messe gewinnen oder motivieren können, verzichten Sie auf die Messe. Es ist zu teuer, den Kunden auf einer Messe die Unwilligkeit seiner Mitarbeiter zu demonstrieren.

Workshop

Workshops haben im Zusammenhang mit Messen eine große Bedeutung. Mit Workshops können Sie an genau drei Stellen gute Ergebnisse erzielen:

1. Workshops zur kreativen Messeplanung,
2. Kundenworkshops im Verlauf der Messe,
3. Nachbereitungsworkshop mit dem Messeteam.

Lassen Sie uns zunächst die Frage klären, was ein Workshop ist. Viele sagen dazu einfach Schulung. Dagegen ist nichts einzuwenden. Erst wenn man sich spezifisch über Schulungen unterhält, ist es schön, wenn auch die Begriffe präzisiert werden, die alle mit Lernen zu tun haben.

Wir wollen versuchen, die Begriffe „Seminar", „Training" und „Workshop" zu unterscheiden.

• Das Faktenlernen, so wie wir es in der Schule kennengelernt haben, wird am besten durch den Begriff „**Seminar**" getroffen. In einem Seminar werden neue Wissensfelder vorgestellt und Innovationen besprochen. Wer in eine neue Abteilung kommt, wird in der Regel durch ein Seminar auf seine neue Aufgabe eingestimmt.
Auf einer Messe werden oft Vorträge angeboten. Solche Vorträge haben meist Seminarcharakter. Einer spricht, die anderen hören zu und gewinnen, wenn es gut läuft, Erkenntnisse.

• Wir wissen alle sehr viel, setzen aber nur einen geringen Teil in Handlungen um. Zum einen, weil wir den Nutzen davon nicht einsehen, weil das gewohnte Verhalten auch klappt und wir Vorbehalte gegenüber Neuem haben. Zum anderen, weil es schwer ist und wir Angst vor Mißerfolgen bei der Übung im beruflichen Alltag haben.

Hier setzt **Training** an. Training bietet die Möglichkeit, Verhalten in praxisnahen Situationen zu üben. Ähnlich Boris Becker, der nach jedem Spiel wieder trainiert und sich so auf den Ernstfall vorbereitet, muß jeder, der vorankommen will, Arbeitsabläufe und Situationen üben.

Vor allem im kommunikativen Bereich sollten wir alle mehr trainieren. Wir glauben alle, daß wir kommunizieren können, weil wir sprechen können. Das ist ein Irrtum. Gerade wenn Kommunikation ein Ziel verfolgt, wird deutlich, wie schwierig es sein kann.

Für den Messeauftritt ist ein vorheriges Messetraining sinnvoll (*mehr darüber unter „Verhalten am Stand"*). Auf der Messe können einzelne Trainingselemente auch mit Besuchern betrieben werden.

• Wenn bei der Messevorbereitung mehrere Mitarbeiter unterschiedliche Ziele verfolgen, wird teilweise jedes Fortkommen blockiert. Nur bei einvernehmlicher Zielsetzung ziehen alle Kräfte in die gleiche Richtung. **Workshops** sind eine gute Möglichkeit, einen Konsens zu erstellen. Dabei kann es nützlich sein, einen Moderator einzubeziehen, der der Gruppe nicht angehört. Der Moderator fungiert als Schiedsrichter und Ideengeber.

Workshops dienen ...

... der Erarbeitung spezifischer, umfassender Themen

... des Austausches unterschiedlicher Meinungen und Standpunkte

... der Erarbeitung von Chancen und Risiken

... dem Durchspielen von Szenarien

... der Grundlagenabstimmung

... der kreativen Arbeit

... der Optimierung von Prozessen

Überall, wo das Team an einem Strang ziehen soll, kann durch Workshops die Grundlage zu zielgerichtetem gemeinschaftlichem Arbeiten gelegt werden.

Gerade die Vorbereitung, in der noch eine Menge kreativer Prozesse laufen, in der die Basisideen entwickelt werden, kann die gemeinschaftliche Arbeit in einem Raum die Plattform für ein Teamgefühl bereiten.

Wichtig ist die richtige Ausstattung des Raumes. Die meisten Büros bieten viel zu wenig Anreize zur Kreativität sowie zur konsequenten Planung. Regelmäßig fehlen Visualisierungsmedien – hier taugt der Computer nur bedingt.

Eine gute Workshop-Umgebung braucht große Pinnwände, Flipcharts, Whiteboards und/oder Wandtafeln.

So können Einfälle zeichnerisch umgesetzt oder formuliert werden. Sie werden feststellen, daß nur Dinge, die richtig formuliert sind, so ablaufen, wie Sie sie geplant haben. In den Workshops ringen die Teilnehmer auch um Formulierungen. Dabei können Sie erkennen, ob die anderen Ihre Ideen begriffen haben, oder nicht. Gerade Führungskräfte denken oft, es sei Sache der Mitarbeiter, ihre Sätze richtig zu entschlüsseln. In Wahrheit ist es Führungsaufgabe, Pläne richtig zu formulieren. Daher brauchen Sie für Ihren Workshop:

- einen Moderator
- eine rechtzeitige Einladung
- einen Fahrplan (Agenda)
- ein Ergebnisprotokoll
- Medien zur Visualisierung
- 6–12 Teilnehmer
- Ruhe (kein Telefon)
- keine Unterbrechungen

Während eines Workshops gibt es bestimmte Phasen, die Sie beachten sollten. Diese Phasen haben jeweils bestimmte eigene Regeln:
1. Fragestellung definieren
2. Ideen äußern
3. Zielsetzung erarbeiten
4. Fragen stellen und klären
5. Wege suchen
6. Meilensteine setzen

1. Die **Fragestellung** ist nicht immer eindeutig. Sie muß anfänglich so formuliert werden, daß alle Teilnehmer des Workshops eine einheitliche Interpretation der Fragestellung leisten können. Es bietet sich an, an einer Pinnwand alle Vorstellungen, die die Teilnehmer hinsichtlich der Fragestellung haben, zu sammeln.

2. Die **Ideenabfrage** ist ein kreativer Prozeß. Als Moderator sollten Sie während eines solchen Prozesses die Einhaltung bestimmter Grundsätze beachten:
- Menge geht vor Qualität (Ideen sammeln und nicht gleich bewerten)
- Alles gehört der Gruppe (kein Streit, wer was zuerst gesagt hat)
- Ideen haben keine Grenzen (es gibt keinen Unsinn)
- Keine Kritik (Einschränkungen erst später)
- Keine Killerphrasen
- Ideen kurz skizzieren (nicht langatmig erklären)
Diese kreativen Prozesse, die häufig eingelegt werden können und mit unter-

schiedlichen Kreativtechniken befördert werden können, sind das Herz eines Workshops. Hier können die wirklich guten Ideen aufgespürt werden, die dann sicherlich noch viel Arbeit in der Umsetzung benötigen.

3. Wenn Ihre Gruppe alle Ideen und Sichtweisen zur Fragestellung zusammengetragen hat, können Sie darangehen, eine gemeinsame **Zielsetzung** zu erarbeiten. Sie werden feststellen, daß bei mehreren Teilnehmern normalerweise unterschiedliche Zielvorstellungen vorhanden sind. Daher müssen Sie hier eine verbindliche Zielsetzung erarbeiten. Wenn Sie sich an dieser Stelle um diesen Prozeß herummogeln, wird er Sie später wieder einholen. Bei dem enormen Zeitdruck vor einer Messe sind spätere Zeitpunkte für Auseinandersetzungen schädlich.

Bei Diskussionen sollten Sie versuchen, einige Verhaltensregeln von den Teilnehmern zu fordern:
• Andere ausreden lassen.
• Kritik klar formulieren (am besten visualisieren).
• Emotionen ansprechen.
• Das Gruppeninteresse geht stets vor.
• Alle Teilnehmer sind im Workshop gleich.

4. Sind die Ziele festgelegt, werden **Fragen** gesammelt: Zum Vorgehen, zu Grundbedingungen, zu Zielgruppen etc. Anhand dieser Fragen kann gut argumentiert und diskutiert werden, weil alle Teilnehmer ihr Wissen und ihre Erfahrung einbringen.

5. Anhand der Fragen können dann **Wege** gesucht werden, die am besten gleich meßbar formuliert werden. Anschließend folgt immer die Frage: Wer macht was bis wann?

Workshops zur Messevorbereitung sollten, vor allem bei längerer Vorbereitungszeit, in regelmäßigen Abständen durchgeführt werden. Dazu sollten Sie einen Raum wählen, der kein Telefon und keinen Computer hat. Störend sind auch riesige Tische, die leider häufig in Verhandlungsräumen vorzufinden sind. Sie beeinträchtigen die körperliche Bewegung, die für gute Ergebnisse nicht unerheblich sein kann.

Hilfreich ist es, wenn die Ergebnisse an Metaplanwänden oder Flipcharts visualisiert, und zu jeder Veranstaltung wieder im Raum aufgehängt werden. (Der Idealfall ist ein Zimmer, das nicht aufgeräumt werden muß.)

Workshop-Themen für die Messevorbereitung sind u.a.

- das Messemotto,
- Aktivitäten oder Events (gemeint sind die Grundzüge, die Fertigung übernimmt eine Agentur),
- Besucherattraktionen,
- Aufteilungen und Inhalte,
- Einladungen,
- Öffentlichkeitsarbeit etc.

Sobald eine Messe zu Ende ist, gibt es einen wichtigen Workshop, an dem die ganze Messecrew teilnehmen sollte: In einer abschließenden Runde sollten Sie alle Anregungen für die nächste Messe sammeln und festhalten. Dieser Workshop sollte so zeitnah wie möglich auf Ihre Messebeteiligung folgen.

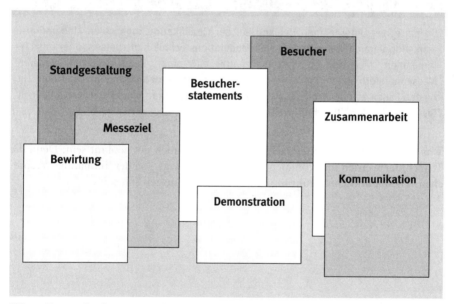

Abb. 19 Themen für den Messenachbereitungsworkshop

Lassen Sie kleine Arbeitsgruppen bestimmte Fragestellungen an Pinnwänden bearbeiten und hinterher dem Plenum präsentieren.

Der Vorteil gegenüber einer einfachen Befragung liegt auf der Hand: Während bei der Befragung die meisten Mitarbeiter kurz angebunden sind – während der Messe ist ihre ganze Arbeit liegengeblieben – ist der Workshop eine „geblockte" Zeit. Wenn zusammen mit anderen eine Frage bearbeitet wird, wird diese Zeit genutzt.

Wenn dann das Ergebnis auch noch präsentiert werden muß, fühlen sich die meisten herausgefordert, ein gutes Ergebnis zu präsentieren.

Eine weitere Anwendungsmöglichkeit von Workshops im Zusammenhang mit einer Messe ist ein **Kundenworkshop** auf der Messe. Gerade als Dienstleister können Sie Ihre Besucher so mit einbeziehen, sie aktivieren.
Sie können am Rande der Messe einen Konferenzraum mieten und Ihre Kunden zu einem Workshop mit anschließendem Messebesuch einladen, Sie können auch auf der Messe kurze Workshop-Einlagen, sogar mit zufälligen Besuchern einlegen.
Auf dem Stand muß dem Workshop ein Spaß-Element unterliegen und er darf nicht länger als 45 Minuten sein.

⊗ Ein Beispiel

So hatte das Unternehmen Neuland auf der Qualifikation 1993 einen Moderationsworkshop veranstaltet, um auf seine Moderationstechnik hinzuweisen, oder das Unternehmen Meißner ExpoSysteme hatte auf einer Roadshow mit anderen Messeanbietern jeden Tag einen Workshop zu Messebeteiligungen angeboten. In beiden Fällen war der Workshop ein Besuchermagnet. Statt eines Give aways können Sie auch eine Arbeitstechnik weitergeben.

Was auf den ersten Blick einfach aussieht, will jedoch gut geplant sein. Denn die Teilnehmer werden nur kommen, wenn sie sich etwas von der Teilnahme versprechen. Thema und Durchführung müssen also gut ausgewählt sein.

XY

xy – die Unbekannte

Nichts läuft wie geplant,
aber ungeplant läuft nichts!

Sie können alles bestens geplant haben, ein Superkonzept haben, einen unübersehbaren Stand, ein Team das sich versteht, doch plötzlich ...

... muß Ihr Unternehmen den Markteintritt des innovativen Produktes um sechs Monate oder länger verschieben,

... will Ihr Geschäftsführer etwas anderes vorstellen,

... wandert ein wichtiges Mitglied Ihres Messeteams zur Konkurrenz ab,

... überrascht Ihr Wettbewerber mit einer Sensation,

... brennt das Lager ab, in dem Ihr Stand aufbewahrt war ...

Nichts ist so absurd, als daß es nicht doch geschehen könnte. Und ein Projekt ohne eine brenzlige Situation haben wir noch nicht erlebt.

Schauen wir uns zunächst an, aus welchen Richtungen Störungen kommen können:
• von den Kunden
• vom Wettbewerb
• von Lieferanten
• aus dem eigenen Unternehmen.

Wie können Sie vorbeugen?
• Vom wichtigsten Teilnehmer der Messe, dem **Kunden**, kommen nie elementare, plötzlich über Sie hereinbrechende Störungen. Selbst wenn ein Besucher plötzlich erkrankt, werden andere auf Ihrem Stand erscheinen.

• Der **Wettbewerb** stört Sie nur, wenn Sie sich stören lassen. Viel zu viele Unternehmen schauen ständig nach dem Wettbewerb und befürchten eine Erfindung, die sie morgen arbeitslos macht. Das passiert in aller Regel nicht. Selbst wenn ein Wettbewerber etwas überragend Neues bietet, wird er lange brauchen, bis er auch die Kunden davon überzeugt hat. So lange haben Sie Zeit, etwas Ähnliches zu entwickeln.

- **Lieferanten** können Ihre Messeplanung erheblich stören. Wenn die Planung der Event-Agentur bei Ihrem Unternehmen auf Ablehnung stößt, der Einladungsbrief falsch adressiert ist oder ähnliche Pannen geschehen, werden Sie aktiv werden müssen. Solche Pannen entstehen dann, wenn alles „hoppla hopp" geht, bzw. Sie zu wenig Planungsvorlauf haben.

Vor solchen Pannen schützt Rechtzeitigkeit. Je mehr Zeit noch bis Messebeginn ist, desto besser werden Sie solche Störungen beheben können. Wenn die Messe allerdings schon übermorgen beginnt, kann es oft nur noch heißen, Augen zu und durch. Pech, wenn dann auch die Kunden die Augen zu machen.

- **Die härtesten Angriffe auf Ihre Messearbeit drohen aus dem eigenen Haus.** Leitungskräfte, die plötzlich in das Geschehen eingreifen wollen, Demonstrationsprodukte, die nicht fertig werden, Umstrukturierungen, die das Team verunsichern, plötzliche Budgetkürzungen.

Vor allem, wenn Vorgesetzte in die Arbeit eingreifen, droht Ungemach. Das geschieht meistens kurz vor der Messe, da erst dann die Messe in das Gesichtsfeld rückt. Als Mitarbeiter haben Sie kurzfristig keine Chance mehr, sich durchzusetzen. In solchen Fällen bleibt oft Frustration.

Dagegen hilft nur frühzeitige „Lobbyarbeit". Auch intern muß rechtzeitig Überzeugungspolitik geleistet werden. Ständige Information der wichtigen Kräfte, Bildung eines Netzwerkes von Personen, auf die Sie vertrauen können, sind die wesentlichen Arbeiten, die Störungen verhindern können. Diese Arbeit läuft das ganze Jahr hindurch.

Alles, was Sie planen, um die Kunden zu informieren, gilt auch für das eigene Haus. Wie können Sie vorgehen?

✔ So sichern Sie sich intern Unterstützung

1. Bei Erstellung des Grobkonzeptes schreiben Sie an alle Abteilungsleiter mit Bitte um Wünsche und Ideen (ca. acht Monate vor Messe)
2. Nach Erhalt: Info-Schreiben mit allen Wünschen und Ideen
3. Einladung zu Info-Veranstaltung zur Präsentation des Grob-Konzepts
4. Info-Veranstaltung zu Detailkonzept (5 Monate vor Messe)
5. Monatliche Info (per E-Mail oder Mailing)
6. Präsentation der Ablauf-Planung (ca. 1 Monat vor der Messe)

Danach müssen Sie nicht mehr informieren. Sollten jetzt Ideen kommen, können Sie stets auf frühere Möglichkeiten verweisen.

Während der Vorbereitungszeit sollten Sie möglichst mit der Geschäftsleitung und einigen wichtigen Führungskräften laufend informellen Kontakt halten. Denken Sie immer daran: Alle Mitarbeiter des Marketing sind nicht-weisungsbefugte Überzeugungstäter. Überzeugung ist ein nicht endender Prozeß.

Z

Ziele

Wenn Sie sich ein Ziel setzen, haben Sie einen Orientierungspunkt, der Ihnen im Alltagsgeschäft eine Richtung gibt. Die Folgenlosigkeit vieler Messeauftritte resultiert häufig aus einer nebulösen Planung, die Anfang und Ende nicht kennt, sich eben gerade so „durchwurschtelt". Methodisches Arbeiten erfordert folgende Schritte:

1. Lage
2. Ziel
3. Maßnahme
4. Kontrolle

Da eine Messe viel Geld verschlingt, sollten Sie genau wissen, was Sie erreichen wollen. Die Messe-Zielsetzung ist eingebettet in die Unternehmens- und Marketing-Zielsetzung. Je schärfer Sie Ihr Ziel vor Augen haben, desto eindeutiger können Sie planen.

Die Ziele dürfen nicht nur für eine Person der „Leuchtturm" sein, der Orientierung über die vielen Routinearbeiten hinaus gibt, sondern für alle Gruppen und Abteilungen. Sie müssen daher gewissen Anforderungen genügen und Eindeutigkeit vermitteln. Daneben muß ein Ziel auch einen Wert vermitteln, der die beteiligten Personen bei Zielerreichung mit Stolz erfüllen wird. Daher muß das Ziel mit einer gewissen Wahrscheinlichkeit erreichbar sein und es muß auch von den Akteuren beeinflußt werden können.

Anforderungen an ein Ziel:
- klar und eindeutig
- realistisch
- meßbar
- genauer Zeitrahmen
- herausfordernd
- selbst beeinflußbar

Es reicht also nicht zu sagen, das Ziel einer Messe ist der Verkauf. Zwar ist dieses Ziel klar und realistisch, ihm fehlt jedoch eine meßbare Größe, eine Zeitangabe, es ist für sich genommen nicht motivierend und eröffnet keinen Weg, den jeder einzelne selbst beeinflussen kann.

Zur Erinnerung: Die Zielsetzung für eine Messe muß in Abstimmung mit der Marketing-Zielsetzung und der Position, die das Unternehmen auf dem Weg zu diesem Ziel erreicht hat, erarbeitet werden.

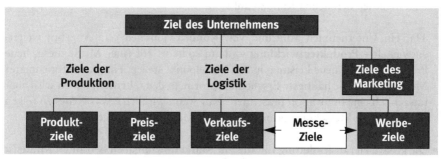

Abb. 20 Die Ziele der Messe als Bestandteil der Ziele des Unternehmens

Eine Marketing-Zielsetzung kann z.B. in Anlehnung an die Ansoff-Matrix erstellt werden, die strategische Möglichkeiten auf Basis des Produkt- oder Dienstleistungsangebotes aufzeigt:

	bestehende Märkte	neue Märkte
bestehende Leistungen	**Marktdurchdringung:** z.B. Marktbesetzung Verdrängung	**Marktentwicklung:** z.B. Internationalisierung Segmentierung
neue Leistungen	**Produktentwicklung:** Innovation Differenzierung	**Diversifikation:** vertikal lateral horizontal

Abb. 21 Ansoff-Matrix: Strategische Marketing-Ziele

- Verfolgt das Marketing die Strategie der **Marktdurchdringung**, bedeutet das für die Messeplanung, daß einer bekannten Zielgruppe bzw. vorhandenen Kunden etwas präsentiert wird, das diese bereits kennen. Da das Produkt nicht vorgestellt bzw. erklärt werden muß, ist das vorrangige Ziel des Messeauftritts, die Bezie-

Z

hung zu Kunden und potentiellen Kunden zu pflegen. Der Messestand muß die Dienstleistungsqualität, die Sympathie und das Vertrauen des Unternehmens präsentieren. Das Motto lautet: **Kontaktpflege.**

- Möchte das Marketing mit bewährten Produkten und/oder Leistungen neue Märkte erschließen – **Marktentwicklung** –, dann muß es neuen Zielgruppen verdeutlichen, daß sein Produkt oder seine Leistung auch für sie einen Nutzen hat. Der Fokus eines solchen Messeauftritts sollte auf der **Lösung** liegen, die das Unternehmen den neuen Kunden anbietet.

- Hat ein Unternehmen aufgrund von Kundenwünschen sein Angebot weiterentwickelt – **Produktentwicklung** –, dann sollte es auf einer Messe dieses neue Produkt oder die neue Leistung in den Mittelpunkt stellen. Ein produktorientierter Messestand ist die häufigste Erscheinungsform, in den seltensten Fällen wird aber tatsächlich eine Innovation präsentiert. Nur wenn wirklich etwas **Neues** zu zeigen ist, wird diese Messekonzeption erfolgreich Kunden überzeugen.

- Die größte Herausforderung für alle mit Marketingaufgaben betrauten Kräfte ist das Gewinnen neuer Zielgruppen mit neuen Produkten. **Diversifikation** fordert immer einen „langen Atem". Auch wenn Sie selbst davon überzeugt sind, daß der Nutzen des neuen Produktes auf der Hand liegt, müssen Ihre (künftigen) Kunden erst mühsam überzeugt werden und werden nur sehr zögernd kaufen. Im Mittelpunkt einer solchen Ausrichtung steht die **Beratung** von potentiellen Kunden, die bestenfalls eine „Problemvermutung" haben, d.h. sie empfinden einen Mangel, ohne sich über die Behebung dieses Mangels Gedanken gemacht zu haben.

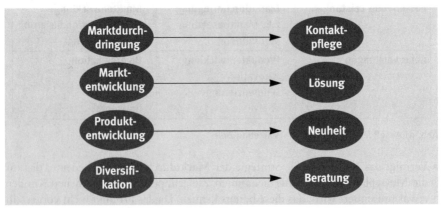

Abb. 22 Unterschiedliche Marketingstrategien und ihre Umsetzung auf der Messe

Die Zielsetzung bestimmt die Standplanung fundamental: Wird bei Kontaktpflege auf den Treffpunkt, d.h. Sitzgruppen und Bewirtung Wert gelegt, bekommt bei einer Innovation die Neuigkeit den Ehrenplatz.

In der Praxis werden leider zu oft klare Zielsetzungen unterlaufen, weil die Messe zuviel leisten soll oder kurz vor der Messe etwas mitgezeigt werden soll, oder plötzlich doch auch die Stammkunden eingeladen werden, obwohl neue Zielgruppen anvisiert werden sollen. Ergebnis ist dann regelmäßig Ernüchterung, weil die zu hoch gesteckten und widersprüchlichen Ziele nicht erreicht wurden. Grundsätzlich gilt:

Klare Zielsetzung realisiert ein deutliches Bild für den Kunden!

Die folgende Checkliste hilft Ihnen, Ihr Ziel für Ihre Messe zu formulieren:

✔ Präzisieren Sie Ihr Messe-Ziel

	ja	nein
Gibt es ein neues Produkt/neue Dienstleistung?	☐	☐
Ist das Produkt/die Dienstleistung verändert?	☐	☐
Wird eine neue Zielgruppe angesprochen?	☐	☐
Gibt es Absatzpotential bei vorhandenen Kunden?	☐	☐

Bei mehreren „Ja": Entscheidung für _____

weil _____

Wie viele Personen meiner Zielgruppe erwarte ich auf der Messe?
Welche Erwartungen haben diese Kunden?
Welche Wünsche/Sehnsüchte haben diese Kunden?
Wieviel Zeit haben diese Kunden?

	ja	nein
Kennen diese Kunden unser Unternehmen?	☐	☐
Kennen die Kunden unser Produkt/unsere Leistung?	☐	☐
Kennen die Kunden einen Verkaufsmitarbeiter?	☐	☐
Haben diese Kunden schon einmal bei uns gekauft?	☐	☐

Wie viele der angesprochenen Kunden werden im kommenden Jahr bei uns wieviel kaufen?

_____Kunden * _____ ,– DM/ø

Z

Daraus ergibt sich folgende Formulierung:

Auf der Messe sollen _____ Kunden kontaktiert/beraten/überzeugt/gepflegt
werden (Zutreffendes unterstreichen), um daraus für _____ Produkt/Leistung
die folgende Anzahl _____ von Aufträgen bis zum _____ zu generieren.

		ja	**nein**
Dieses Ziel ist	realistisch?	☐	☐
	erreichbar?	☐	☐
	motivierend?	☐	☐

Das Folgende muß getan werden, um das Ziel zu erreichen:

Gegebenheiten und Fähigkeiten, die für das Ziel sprechen:

Gegebenheiten und Fähigkeiten, die gegen das Ziel sprechen:

Folgende Kollegen/Abteilungen werden das Ziel unterstützen:

Folgende Kollegen/Abteilungen werden gegen das Ziel arbeiten:

Argumente für das Ziel:

Zielerreichung kann gemessen werden durch:

Nichterreichung birgt folgende Gefahren:

Aus der aufgeführten Checkliste geht deutlich hervor, daß die Messearbeit nicht mit der Messe beendet ist. Viele Messen untersagen heute direkte Verkaufsabschlüsse. Häufig fängt die Arbeit danach erst richtig an. Im Kapitel Nachbereitung haben wir aufgeführt, was alles getan werden kann und muß, um sicherzustellen, daß die geknüpften Kontakte sinnvoll verfolgt werden.

❶ *Achtung:* Eine einmal gefaßte Messe-Zielsetzung sollte konsequent bis zur Messe verfolgt werden. Das erfordert von den Verantwortlichen Durchsetzungsvermögen und oft auch Rückgrat. Denn kurz vor einer Messe werden viele Führungskräfte im ganzen Unternehmen wach: Plötzlich tauchen Menschen auf, die sich ein ganzes Jahr nicht um die Messe gekümmert haben, jetzt aber unbedingt das eine oder andere Produkt oder Display zentral ausgestellt haben wollen. In aller Regel sprengen solche spontanen Ideen das ursprüngliche Messe-konzept. Der Stand ist der Zielrichtung gemäß konzipiert, Displays sind bestellt, der Raum ist aufgeteilt.

In vielen Unternehmen hat es sich als sinnvoll erwiesen, ein interdisziplinäres Planungsteam aufzustellen. Auf alle Fälle dabei sein sollten Marketing, Verkaufsaußendienst und Service. Dadurch werden einerseits die Kundenvorstellungen im Team beachtet, andererseits wird der Außendienst nicht hinterher behaupten können, die vom Marketing hätten doch nur wieder ihr eigenes Süppchen gekocht. Da Verkauf und Marketing sich teilweise kreativ kaum bremsen können, sind die Service-Mitarbeiter die Leute, die den Kunden am konsequentesten immer wieder ins Spiel bringen.

Fallstricke in der Planung werden Sie jedoch rechtzeitig erkennen können, wenn Sie Ziele gesetzt haben. Denn formulierte Ziele haben die Tendenz, erreicht zu werden! Einfach, weil sie formuliert sind und deswegen auch immer wieder im Denken präsent sind.

Für Ihre Messe sollten Sie quantitative und qualitative Ziele erarbeiten.
- **Quantitative Ziele** können wie folgt aussehen:
  - Umsatz/Auftrag auf der Messe in DM
  - Umsatz mit Altkunden im Zeitraum bis drei Monate nach der Messe
  - Umsatz mit Neukunden im Zeitraum bis zwölf Monate nach der Messe
  - Verkäufe/Aufträge auf der Messe in Stück
  - Anzahl der Fachbesucher
  - Anzahl der Außendienstbesuche aufgrund des Messekontaktes
  - Anzahl der Kontakte am Stand
  - Deckungsbeitrag des Messeverkaufs: Messekosten
- **Qualitative Ziele** werden für Messen häufig ins Feld geführt. Die Messebeteiligung sei wichtig für das Image, erklären die Verantwortlichen dann, die Kunden würden das Erscheinen aller relevanten Wettbewerber auf bestimmten Messen erwarten, die Beteiligung diene der Kundenpflege etc.

Bei diesen Begründungen fällt häufig auf, daß man sich um die Meßbarkeit drückt. Auch qualitative Ziele müssen meßbar gemacht werden. Das geht sicherlich nicht direkt, wohl aber durch Hilfsmessungen.
Folgende qualitativen Ziele könnten Sie sich für Ihre Messebeteiligung setzen:

Z

Ziel	Meßparameter
Kundenzufriedenheit	Reaktionshäufigkeit nach der Messe, Feedback, Verweildauer am Stand, Einladungen
Kundenbindung	Besuche auf Einladung, Verweildauer, Anzahl Altkundenbesuche, Mitarbeiter sind namentlich bekannt, erneuter Standbesuch
Freundlichkeit	Menge gleichzeitiger Standbesucher, Häufigkeit des Hinsetzens, Einnahme von Speisen und Getränken, Verweildauer
Beratungsqualität	Dauer des Informationsgespräches, Übergabe des Besuchers an Fachmann, Terminvereinbarung, Menge an Aufträgen
Attraktivität des Standes	Menge der Besucher, Menge des verteilten Infomaterials, Menge der Kontaktbögen
Imageverbesserung	Wiedererkennung bei Nachkontakt, Menge der Besuchstermine, Menge der Nachverhandlungen, Menge der Angebotseinholungen
Mitarbeiterzufriedenheit	Meldungen zur nächsten Messe, Mithilfe bei Nachbereitung, Menge der Kundengespräche pro Kopf
Öffentlichkeitsarbeit	Menge der Artikel, Zitate
Gewinnung von Anregungen	Menge an Anregungen, Umsetzungsideen
Überprüfung der Konkurrenzfähigkeit	Überprüfung nach vorher festgelegter Checkliste

 Eine befriedigende Messe-Zielsetzung besteht aus qualitativen und quantitativen Elementen. Denken Sie daran: Nur wenn Sie prüf- und rechenbare Ziele vorgeben, werden Sie Erfolg oder Mißerfolg der Messe beurteilen können.

ANHANG

Hier finden Sie Rat

Wichtige Kontaktadressen von Organisationen, die über Messen und Ausstellungen informieren

AUMA – Ausstellungs- und Messeausschuß der Deutschen Wirtschaft e.V.
Lindenstr. 8
50674 Köln
Tel. 02 21/2 09 07-0
Fax 02 21/2 09 07-12
E-Mail: info@auma.de
http://www.auma.de

Bundesstelle für Außenhandelsinformationen (BfAI)
Postfach 10 05 22
50445 Köln
Tel. 02 21/20 57-0
Fax 02 21/20 57-2 12
E-Mail: bfai@geod.geonet.de
http://www.bfai.de

Deutscher Industrie- und Handelstag – DIHT
Postfach 14 46
53004 Bonn
Tel. 02 28/1 04-0
Fax 02 28/1 04-1 58
E-Mail: wstenzel@bonn.diht.ihk.de
http://www.ihk.de

FAMA – Fachverband Messen und Ausstellungen e.V.
Messezentrum
90471 Nürnberg
Tel. 09 11/8 14 71 02
Fax 09 11/86 07 35
E-Mail: info@fama.de
http://fama.de

FAMAB – Fachverband Messe- und Ausstellungsbau e.V.
Berliner Str. 26
33378 Rheda-Wiedenbrück
Tel. 0 52 42/4 78 87
Fax 0 52 42/4 78 90

FKM – Gesellschaft zur freiwilligen Kontrolle von Messe- und Ausstellungszahlen
Lindenstr. 8
50674 Köln
Tel. 02 21/2 09 07-0
Fax 02 21/2 09 07-12
E-Mail: info@auma.de
http://www.auma.de

Interessengemeinschaft Deutscher Fachmessen und Ausstellungsstädte (IDFA)
Kochenhof
70192 Stuttgart
Tel. 07 11/2 58 96 16
Fax 07 11/2 58 96 21

Für nähere Auskünfte stehen auch gerne die Autoren zur Verfügung:
Kontaktadressen:

Winfried Vollmer
Kundenorientierung, Workshop & Training
Flemingstr. 8
22299 Hamburg
E-Mail:
VollmerWorkshop@mmeurope.net

Bruno Meißner
Meißner ExpoSysteme GmbH
Lemsahler Weg 23
22851 Norderstedt

Literaturverzeichnis

AUMA (Hrsg.): AUMA Tips für Messebesucher und Aussteller. Köln 1990.

AUMA (Hrsg.): Der umweltverträgliche Messeauftritt. Anregungen zur Planung und Durchführung. Köln 1994.

AUMA (Hrsg.): Umweltorientierte Ausstellungsbedingungen auf dem Messeplatz Deutschland. Entwicklung eines Maßnahmekataloges zum umweltgerechten Betreiben von Messen und Ausstellungen an deutschen Standorten. Köln 1994.

Busche, Manfred/Strohtmann, Karl-Heinz (Hrsg.): Handbuch Messemarketing. Wiesbaden 1992.

FAMAB (Hrsg.): Jahresbericht 1998. Rheda-Wiedenbrück 1998.

FAMAB (Hrsg.): Vom Messeziel zum Messestand. Rheda-Wiedenbrück 1998.

Groth, Claus/Lentz, Ingo: Die Messe als Dreh- und Angelpunkt. Multifunktionales Instrument für erfolgreiches Marketing. Landsberg am Lech 1993.

Hansen, Ursula (Hrsg.): Verbraucher- und umweltorientiertes Marketing. Stuttgart 1995.

Hoberg, Gerrit/Vollmer, Günter: Kommunikation. Sich besser verständigen – sich besser verstehen. Stuttgart 1994.

Küffner, Georg/Morsiefer, Joachim (Hrsg.): Messeplatz Europa. Messen als Bestandteil des betrieblichen Marketing. Frankfurt am Main 1990.

Larsen, Georg/Quartapelle, Alberto Q.: Kundenzufriedenheit. Wie Kundentreue im Dienstleistungsbereich die Rentabilität steigert. Berlin, Heidelberg 1996.

Marzin, Werner Dr. (Hrsg.): Markenartikel Messe. Gedanken über die Zukunft eines traditionellen Absatzmediums. Frankfurt am Main 1990.

Schmalzl, Bernhard/Schröder, Jakob: Managementkonzepte im Wettstreit. Total Quality Management versus Business Process Reengineering. München 1998.

Stichwortverzeichnis